Marcel Reich-Ranicki ist der populärste Literaturkritiker seiner Zeit. Jeder Literaturliebhaber, ja jedes Kind und jeder Taxifahrer kennt ihn. Aber wie sehen ihn seine Freunde? Wie sehen ihn Eva Demski und Ulla Hahn, Günter Grass und Peter Rühmkorf, Gerhard Schröder und Siegfried Lenz, Stefan Aust und Frank Schirrmacher? Aus Anlaß des 85. Geburtstags des Kritikers am 2. Juni 2005 erinnern sich Weggefährten und Vertraute an berührende, verblüffende und unerhörte Begebenheiten, die sie mit MRR erlebt haben. So ist aus fast sechzig Begegnungen mit Marcel Reich-Ranicki das facettenreiche Porträt eines facettenreichen Mannes entstanden.

insel taschenbuch 3145

Begegnungen mit Marcel Reich-Ranicki

Marcel Reich-Ranicki, ca. 1961

Begegnungen mit Marcel Reich-Ranicki

Herausgegeben von
Hubert Spiegel

Insel Verlag

insel taschenbuch 3145
Erste Auflage 2005

Vertrieb durch den Suhrkamp Taschenbuch Verlag
Satz: Hümmer GmbH, Waldbüttelbrunn
Druck: Memminger MedienCentrum AG
Printed in Germany
ISBN 3-458-34845-X

1 2 3 4 5 6 – 10 09 08 07 06 05

Inhalt

Gibt's was Neues?
Statt eines Vorworts

Nur für zwei oder drei Sekunden schwebte der Gedanke in der Luft, wir müßten das Entstehen dieses Buch vor ihm geheimhalten. Marcel Reich-Ranicki liebt Neuigkeiten über alles, er ist geradezu süchtig nach ihnen, aber Überraschungen? Eröffnet man ein Gespräch mit den Worten »Sie werden nicht glauben, was ich gerade gehört habe«, kann es einem passieren, daß er sofort dazwischenfährt: »Doch, ich werd's schon glauben.« Mit dem Wind, den er anderen so beiläufig aus den Segeln nimmt, würden andere einen Orkanhandel aufmachen.

Es ist schwer, ihn zu überraschen, denn nichts Literarisches ist ihm fremd. Und das Menschliche? Ist bekanntlich nur eine Untermenge des Literarischen. So weihten wir ihn also ein, Hans-Joachim Simm und ich. Die Folgen waren uns bewußt: Vorschläge, Nachfragen, reghafte Anteilnahme. »Sie haben X immer noch nicht gemahnt? Er wird nicht liefern, und das wird Ihre Schuld sein. Werden Sie energischer. Reden Sie mit ihm. Sie reden zuwenig mit den Leuten. Sehen Sie, jetzt schweigen Sie schon wieder. Nichts steuern Sie zu unserer Unterhaltung bei. Was ist eigentlich los?« Nun mußte ich das Wort ergreifen: »Lassen Sie mich nur machen.« Ein tiefer Seufzer der Verzweiflung war die Antwort.

So ging es fort. Hielten wir ihn auf dem laufenden? Nein. Wir durften es nicht. Denn hätten wir es getan, das fertige Buch hätte ihn keine fünf Minuten lang interessiert. Ich berichtete nur in Bruchstücken, die wir beredeten, wie Redakteure nun einmal miteinander reden: »X hat geliefert.« »Und?« »Sehr ordentlich.« Oder: »Hat Y geliefert?« »Ja.« »Und?« »Erstaunlich originell.« Oder: »Z hat geliefert.« »Und?« »Glänzend.« »Natürlich glänzend! Was glauben Sie denn? Ich habe den Mann damals nicht ohne Grund zur Zeitung geholt!«

Nur einen Beitrag dieses Bandes hat Marcel Reich-Ranicki zu Gesicht bekommen, bevor das Buch erscheint. Er stammt von Günter Grass, der bedauert, Reich-Ranicki beim letzten Zusammentreffen dieser beiden großen alten Männer der deutschen Literatur nicht umarmt zu haben. Es war ein Wiedersehen, dem Jahre der Zerwürfnisse, Jahre gegenseitigen Grollens vorangegangen waren. Der Text ging per Fax ins geliebte Brenners Parkhotel in Baden-Baden, wo Reich-Ranicki und seine Frau ein paar Tage verbrachten. Der Anruf ließ nur ein paar Minuten auf sich warten. Marcel Reich-Ranicki war hoch erfreut: »Wissen Sie was? Grass hat recht. Wir hätten einander wirklich umarmen sollen.«

Eine Freude also wurde im voraus gewährt, alles andere, was er erfuhr, diente nur einem Ziel: Es sollte ihm den Mund wäßrig machen. Zu diesem Zweck mußte der Herausgeber im Rahmen seiner bescheidenen Möglichkeiten taktische Raffinesse entwickeln. So zeigte ich mich mal unzufrieden, mal begeistert, verzweifelt, triumphierend, hoffnungslos: »Ich kann es nicht länger verhehlen. Aus dem Buch wird wohl nichts werden. Niemand liefert. Das bißchen, was ich bis jetzt habe, ist völlig belanglos.« »Nun lassen Sie mal den Kopf nicht hängen. Ist ja noch viel Zeit.« Zwei Wochen später: »Das Buch wird viel besser, als ich je erwartet hätte. Allein die drei Beiträge, die heute eingetroffen sind! Allesamt großartig.« »Ach, alles großartig? Na ja, wir werden ja sehen.«

Daß auch die vollmundigsten Ankündigungen des Herausgebers am Ende nicht Lügen gestraft werden, verdankt er allein den Beiträgern dieses Buches. Sie alle haben mit ihren Erinnerungen, mit ihren Schilderungen zahlreicher Begegnungen und Begebenheiten erreicht, was die wichtigste Absicht dieses kleinen Unternehmens war: Es sollte möglichst viele Freunde und Weggefährten Marcel Reich-Ranickis versammeln, um dem Jubilar zu seinem 85. Geburtstag eine Freude zu bereiten. Aber die Summe der Reminiszenzen sollte auch ein Porträt ergeben: Marcel Reich-Ranicki, gesehen mit den Augen seiner Freunde. Auch dies ist geglückt. Allen Beteiligten sei von Herzen gedankt.

Hubert Spiegel

Frankfurt am Main, 6. April 2005

Nicht einmal einen Ausweis wollte man sehen
von Thomas Anz

Wenn an der Universität eine Stelle ausgeschrieben werden soll, wenn der Text der Ausschreibung vom Institut, vom Fachbereich und von der Verwaltung genehmigt wurde, wenn die für das Bewerbungsverfahren gebildete Kommission ihre erste und ihre zweite Auswahl trifft, die verbliebenen Bewerber der Reihe nach zum Gespräch vorlädt, eine Rangliste erstellt, der Kommissionsleiter diese in einem langen Bericht an die Herren der Universitätsleitung begründet und wenn dann der Erwählte seine Geburts- und Promotionsurkunde, sein Abiturzeugnis, sein Gesundheitszeugnis, sein polizeiliches Führungszeugnis vorlegt, wenn schließlich das nach Monaten gar nicht mehr enden wollende Verfahren doch beendet ist, denke ich an meine erste Begegnung mit Marcel Reich-Ranicki.

Ein Anruf von ihm, eine Einladung nach Frankfurt in ein italienisches Restaurant, ein gegen alle Vorwarnungen sanfter, milder, durch Lautsprecherklänge einer Beethovensymphonie rührend gerührter, liebenswürdiger, väterlicher Freund.

Nicht einmal einen Ausweis wollte man sehen, als ich in der Zeitung wenig später den Vertrag unterschrieb.

Unser Titelheld – ein Reißer
von Stefan Aust

»Wir sind mit ihm alt geworden, wir sind mit ihm jung geblieben« – Marcel Reich-Ranicki über Günter Grass. So begann, im August 2003, der Kritiker seine Besprechung des – von Grass selbst illustrierten – Lyrikbandes »Letzte Tänze«. Dieser anrührende erste Satz ist das ideale Motto für die besondere Beziehung zwischen Reich-Ranicki und dem SPIEGEL.

Die vergangenen 15 Jahre festigten diese Beziehung immer wieder durch herausragende Artikel und Interviews von oder mit Reich-Ranicki – wir konnten sie exklusiv drucken trotz der engen Verbindung, die zwischen Reich-Ranicki und der »Frankfurter Allgemeinen Zeitung« schon deswegen bestand, weil er 15 Jahre deren Literaturchef war. Noch heute redigiert er für sie die »Frankfurter Anthologie«. Jeder Artikel, jede Interview-Polemik von ihm – wahrlich ein Jungbrunnen, die Sätze klar und frisch formuliert, bissig in der These, ins Ziel getragen von einem Mut zur Vereinfachung, der oft polarisiert, aber eben auch – jung hält. Mit dieser Art Jugend im Bunde wird man zwar älter, aber nie so richtig alt.

Besonders prickelnd in der Beziehung zwischen Reich-Ranicki und dem SPIEGEL waren zweifellos die drei Ausgaben mit dem markanten Kopf des Kritikers auf unserer Titelseite: Das große Reich-Ranicki-Porträt, das 1993 mit der Titelzeile »Der Verreißer« über einer satirischen Grafik erschien, die den Rezensenten – frei nach Goethes berühmtem Schmäh-Vers »Schlagt ihn tot, den Hund, es ist ein Rezensent« – als buchbeißenden Vierbeiner zeigte; dann der in Brief-Form abgefaßte Verriß des Grass-Romans »Ein weites Feld«, der 1995 mit der Titelzeile »Mein lieber Günter Grass ...« und einer Fotocollage publiziert wurde, die den Eindruck erweckt, Reich-Ranicki zerreiße den Grass-Roman in zwei Hälften; schließlich der 2001 veröffentlichte SPIEGEL-Titel zum Prosa-Kanon Reich-Ranickis mit der Zeile »Was man lesen muß«, darüber sieht man ein Porträt des Kritikers, auf dem sein bedeutendes Haupt von bedeutenden Buch-Titeln umkreist wird, auch von der Grass-Novelle »Katz und Maus« – Reich-Ranicki schätzt sie ja mehr als die meisten Romane des Nobelpreisträgers.

Gewiß war der Titel mit dem spektakulären Verriß jenes Grass-Romans, der mit dem berühmten Fontane-Wort »Ein weites Feld« im Titelwappen ein episches Resümee der deutschen Wiedervereinigung versucht, der spannendste der drei großen Reich-Ranicki-Auftritte in unserem Magazin. Es war auch der einzige, der noch vier Jahre später öffentlich diskutiert wurde – 1999, als Grass den Literaturnobelpreis erhielt. Und der, für eine Titelgeschichte aus der Kulturredaktion eher ungewöhnlich, die Chefredaktion tagelang in Atem hielt.

Ursprünglich war geplant, die Kritik von Reich-Ranicki durch einen Teil-Vorabdruck aus dem Roman und ein Gespräch mit Grass zu ergänzen. Aber als die Romankapitel gleich auf drei Ebenen des Hauses mit Glanz und Gloria durchgefallen waren – Herausgeber, Chef- und Kulturredaktion fanden die Prosa öde und banal – und Rudolf Augstein daraufhin fand, selbst ein kritisches Gespräch mit dem Autor sei zuviel der Ehre für solch ein Machwerk, blieb nur der Text von Reich-Ranicki übrig. Dadurch wurde aus dem Grass-Titel endgültig ein weiterer Reich-Ranicki-Titel, von dem vor allem die Titelbild-Collage provozierte. Die Redaktion fand sie als metaphorische Illustration zu Reich-Ranickis berühmtem Buch »Lauter Verrisse« (1970) durchaus angemessen. Etliche Leser hielten das Bild, das ein ZDF-Werbeplakat für das »Literarische Quartett« zitierte (»Wer gerne liest, sollte öfter mal fernsehen«), tatsächlich für ein authentisches Foto und zeigten sich empört, daß Reich-Ranicki es gewagt hatte, sich bei einer offensichtlichen Buchschändung fotografieren zu lassen, die doch an die Bücherverbrennung der Nazis erinnere. Reich-Ranicki selbst gab 1999 zu Protokoll, ihn habe seinerzeit vor allem die massive »Wirkung« des Titelbildes »gestört« – »weniger das Bild selber«, und im übrigen sei er bei der Festlegung der Titelgestaltung im Urlaub gewesen und verfüge auch gar nicht über die »Kraft, die man braucht, um ein dickes, ordentlich gebundenes Buch in zwei Hälften zu reißen« – eine Bemerkung, die angesichts einer offensichtlichen Karikatur ohne Anspruch auf realistische Spiegelbildfunktion ja nur ironisch gemeint sein konnte. So ironisch wie die trauliche Anrede »Mein lieber Günter Grass ...« als Aufgalopp jener gnadenlosen Kritik war, mit der Reich-Ranicki damals immerhin 35 Jahre Grass-Kritik krönte – 1960 war in der »Zeit« seine erste Grass-Kritik, an der »Blechtrommel«, erschienen. Auch das machte diesen SPIEGEL-Titel so denkwürdig: Er enthielt nicht das Verdikt irgendeines Rezensenten, sondern das Urteil des prominentesten deutschen Grass-Kritikers überhaupt. Der Kern dieses Urteils – die Helden des Romans seien nicht lebendig gezeichnet, sondern dienten dem Autor oft nur als Sprechpuppen, die seine Ansichten zum deutschen Einigungsprozeß formulierten – hat Bestand bis heute.

Einheits-Skeptiker Grass hat 1990 gesagt, wer Antworten auf die deutsche Frage suche, müsse »Auschwitz mitdenken«. Und dann kritisiert ausgerechnet Marcel Reich-Ranicki, der seine Eltern in Treblinka verlor und selbst im Warschauer Ghetto litt, jenen Roman in Grund und Boden, der – Auschwitz »mitdenkend« – an der deutschen Einheit kaum ein gutes Haar läßt. Das hatte sich Grass gewiß anders vorgestellt. Und das vor allem war es wohl, was den Autor selbst damals tief verletzte – seiner öffentlichen Empörung über das an sich harmlose Titelbild (warum eigentlich soll man ein einzelnes schlechtes Buch nicht in zwei Hälften reißen dürfen?) trauen wir nicht über den Weg. Bis heute nicht.

Ein kleines, bis jetzt gehütetes Redaktionsgeheimnis sei hier noch gelüftet: Reich-Ranicki befand sich zwar im Urlaub, als die Wahl des Titelbild-Motivs auf jenes ZDF-Plakat fiel – aber er ist, als wir ihn deswegen anriefen, durchaus ans Telefon gegangen.

Afrikanische Grüße
von Hans Christoph Buch

Ich bin in Kigali, Ruanda, auf dem Weg nach Goma, und höre zum ersten Mal von der geplanten Würdigung, obwohl ich hätte wissen müssen, daß Marcel Reich-Ranicki dieses Jahr einen runden Geburtstag hat. Angesichts des Völkermords in Ruanda, dessen Spuren ich hier nachgehe, denke ich an einen anderen Völkermord des 20. Jahrhunderts, den Marcel Reich-Ranicki erlebt und überlebt und von dem er hellsichtig Zeugnis abgelegt hat. Aber nicht aus deutschem Schuldkomplex heraus bin ich vom ungebärdigen jungen Autor, der mit seinen kritischen Interventionen nichts anfangen konnte, also vom Feind zum Freund von Marcel Reich-Ranicki geworden: Ich schätze die manchmal schokkierende Nüchternheit, mit der er uns von den Höhenflügen der literarischen und politischen Phantasie auf den Boden der Tatsachen zurückführt, und ich schätze die Frankfurter Anthologie, deren regelmäßiger Mitarbeiter ich seit fast drei Jahrzehnten bin. In diesem Sinne gratuliere ich Marcel Reich-Ranicki zu seinem 85. Geburtstag – mit afrikanischen Grüßen.

1:0 für Kamerun
von Jürgen Busche

Es war der 70. Geburtstag. Und es war im großen Saal des Frankfurter Hofes. Das ist einmal sicher. Nicht sicher ist – und ich bin glücklich, das notfalls beeiden zu können –, wer in dem Augenblick, von dem die Rede sein soll, auf dem Podium sprach. War es Walter Jens, war es Peter Wapnewski? Jeder von diesen beiden ist ein hinreißender Rhetoriker. Jeder könnte es gewesen sein, niemand dürfte von sich sagen, er hätte sie an diesem Abend im Frankfurter Hof übertroffen, sie voneinander könnten das auch nicht behaupten. Ich lasse die Frage gern offen. Nun denn: Vorhang auf.

Der Saal ist dicht besetzt. Eng hocken die Gäste an runden Tischen, beengt ist es bis ans Ende des Saales, dort, wo die breiten Türen zum Foyer geschlossen sind. Alle haben das Defilee am Geburtstagskind vorbei genossen. Jetzt aber sind Ansprachen dran. Wer war es, der mit hochragendem Kinn und kunstvollen Gesten die Versammlung der Gäste faszinierte, Wapnewski oder Jens? Es ist nicht mehr festzustellen, jedenfalls von mir nicht, und das ist besser so. Neben mir saß Georg Hensel und flüsterte mir ins Ohr: »Falsche Perlen vor echte Säue!« Hensel durfte so etwas konspirativ hintupfen, und ich lächle darüber im nachhinein um so unbekümmerter, als die Bemerkung beiden gegenüber gleich ungerecht war. Wäre sie auch nur anflugsweise zutreffend gewesen gegen einen von beiden, Wapnewski oder Jens, dann hätte sie Hensel sich verboten und nur mißmutig geguckt. Aber die Redner waren beide brillant, und sie wußten es.

Da geschah es. Unmöglich anzugeben, wann es geschah, bei Jens oder bei Wapnewski. Eine Tür am hinteren Saum des Saales öffnete sich rasch und wurde ebenso behende wieder zugedrückt. Ein Mann war eingetreten, mittelgroß, elegant gekleidet, ein Herr. Dieser verharrte kurz, musterte seine nächste Umgebung, beugte sich zu einem der gebannt Zuhörenden herab und murmelte ihm etwas ins Ohr. Der so aus dem Lauschen Geholte fuhr ein wenig auf, und sein Gesicht zeigte grenzenlose Verblüffung, was freilich nur aus der Nähe zu bemerken gewesen wäre, wenn jemand darauf geachtet hätte. Aber alles achtete auf das, was vorn, auf dem Podium geboten wurde, von Wapnewski oder Jens, das muß unentschieden bleiben.

Doch unerwartet hatte sich da hinten an einem Nachbartisch ein in jeder Lage Neugieriger dem späten Gast zugewandt, wortlos die gleiche Unterrichtung erheischend, deren stummer Zeuge er soeben geworden war. Sie wurde ihm zuteil, und fast im selbigen Moment flüsterte er die Nachricht, denn um eine solche handelte es sich, dem ihm zunächst Sitzenden zu. Der beeilte sich, die wenigen Worte, denn es handelte sich nur um wenige, ganz wenige Worte, unverzüglich weiterzugeben, zur Seite, nach vornhin; es begann ein Hälsestrecken, Sich-zur-Seite-Beugen, Vorbeugen, Zurücklehnen, kein Austausch, ein Weitergeben von Wissenswertem, dessen Bekanntgabe keinen Aufschub duldete, gleichwohl aber nicht zu lauter, weittönender Verkündigung taugte, ganz gleich, ob da vorn auch Geringere als die bundesweit besten Rhetoriker der deutschen Universität am Ausgang der zweiten Hälfte des 20. Jahrhunderts gesprochen hätten.

Wer weiß, wo und wie oft erörtert worden ist, was man

sich unter einem Lauffeuer vorstellen mag? Hier, an diesem Abend im Frankfurter Hof, wurde es anschaulich. Das Mitteilen, das sogleich wieder verstummte, kaum daß es einen Aufnahmegierigen erreicht hatte, breitete sich in Sekundenschnelle von hinten nach vorn über den ganzen Saal aus. Das Bild mochte auch an einen Berg gemahnen, auf dem das feine Geröll jählings zu Tale stürzt. Noch glaubt man, einzelnes auf festem Grund in Bewegung geraten zu sehen, schon wird man vom Bewußtsein überwältigt, daß alles in Bewegung ist und die Festigkeit des Berges eine Illusion.

Starr vor Schreck weiteten sich die Augen des Rhetorikers auf dem Podium, während immer noch die Worte seines Vortrags in ungetrübten Perioden aus seinem beherrschten Munde kamen. Auf den ersten Schreck folgte, da nach kaum zwei Minuten wieder Aufmerksamkeit pur das Publikum einte, unübersehbare Nervosität, ein besorgtes Schauen des Redners nach links, nach rechts, auf zuverlässige Personen in Sichtnähe. Irgend etwas mußte doch passiert sein. War es schlimm? Betraf es sie? Hatten sie – natürlich nur der eine oder der andere – etwas Falsches gesagt, sich im Ton vergriffen? Wo gab es ein Zeichen, das ihnen, ihm oder ihm, Rückkehr zur Gelassenheit erlaubte, die Harmlosigkeit des abnormen Vorgangs andeutete, wenigstens Entwarnung signalisierte? Nichts dergleichen geschah. Des Redners Glück, in diesem Vortrag sollte es nicht wiederkommen.

Was geschehen war, ist kurz gesagt, nur das Podium konnte es nicht erreichen. Michael Naumann war – verspätet, wie schon gesagt – zur Versammlung gestoßen und hatte dem erstbesten zugeraunt: Argentinien – Kamerun null zu eins. Es handelte sich dabei um das Eröffnungsspiel der Fußballweltmeisterschaft 1990, das an diesem Abend in Mailand ausgetragen worden war. Argentinien hatte den amtierenden Weltmeister ins Turnier gebracht, Kamerun mußte sich damals noch mit der Rolle des Nobody im Fußball begnügen. Das Ergebnis war eine Sensation und wurde als solche aufgenommen. Marcel Reich-Ranicki indes, der Gefeierte, hatte von alldem nichts mitbekommen. Er saß ja ganz vorn, sah nur den Redner, Jens oder Wapnewski, es bleibt sich gleich. Ihn, den Literaturpapst, über den Ausgang des Eröffnungsspiels in Mailand zu unterrichten, hatte niemand für eine gute Idee gehalten. Also war es unterblieben. Reich-Ranicki war auch erkennbar nicht über die Wirkung der hinter ihm, von ihm unbemerkt stattgehabten Bewegung auf den vor ihm Redenden irritiert. Zweifellos hat er die Nervosität seines Gegenübers bemerkt. Aber er wird sich, leicht schmunzelnd, gesagt haben: Natürlich ist er nervös. Er fragt sich, ob's mir gefällt. Nun – es gefällt mir.

Mit Blaulicht
von Peter Demetz

Meine Begegnungen mit Marcel, über die Jahre hin und auf zwei Kontinenten, fließen in der Erinnerung in eine zusammen, und jede dieser Begegnungen, ob in Salzburg, Hamburg, New York, Berlin oder Frankfurt (bei »seinem« Italiener), begann mit dem Satze »Sagen Sie, Herr Demetz«, gefolgt durch eine strenge Prüfungsfrage, wie z. B. »Was hielt Schiller eigentlich von Goethes Venezianischen Epigrammen?« Frau Teofila warf Marcel vergebens strafende Blicke zu, und ich versuchte ihm zu erklären, daß ich leider kein traditioneller Germanist sei, aber nicht mit wirklichem Erfolg, und im Lauf der Zeit blieb mir gar nichts anderes übrig, als Studien der Klassik zu betreiben und mich genauer mit Goethe und Schiller zu beschäftigen, schon um dieses permanente Rigorosum zu bestehen. Ich will lieber von einer anderen Begegnung berichten, da waren wir beide jünger, Marcel der gefürchtete Kritiker der Gruppe 47, ich der unerfahrene Chairman der Yale-Germanistik, der sich in den Kopf gesetzt hatte, das Vortragsprogramm zu beleben und transatlantische Prominenz zu Diskussionsabenden mit den Studenten einzuladen. Es ergab sich, daß Marcel gerade in Amerika war, im Sommerprogramm eines neuenglischen College (er mußte dort auch deutsche Volkslieder singen und fühlte sich nicht qualifiziert). Er nahm meine Einladung freundlich an und versetzte mich in die schwierige Lage, alles nach Gebühr organisieren zu müssen. Zu meinen Pflichten zählte es auch, die illustren Gäste am Bahnhof abzuholen (nicht immer einfach, denn eine berühmte Professorin der

Dekonstruktiven Literaturkritik kam mit zwei Riesenkoffern an, in welchen sich ihre gesamte Habe befand, denn sie war gerade in Scheidung begriffen, und ich mußte die schweren Koffer schleppen). Mein Klapperwagen schien mir nicht würdig genug, und ein älterer Kollege gab mir den Rat, die Uni-Polizei anzurufen und ihre Dienste zu mobilisieren. So stand ich da, der elegante Polizeikreuzer in Bereitschaft vor dem Hauptausgang des Bahnhofs, und als wir beide drinnen saßen, schaltete der Fahrer das Blaulicht ein, die Sirene heulte auf, und wir rasten durch die erschrockene Kleinstadt. Marcels Stirn, wenn ich mich recht erinnere, war umwölkt, aber je mehr das Blaulicht blitzte und die Sirene heulte, desto mehr begann sich seine Miene aufzuheitern, er lachte sogar und schlug mir munter auf die Schulter, als uns der höfliche Fahrer die Türe aufhielt. Marcel sagte mir dann, warum er in diesem Polizeiwagen fast glücklich gewesen war: In seiner Jugend hatte er in seinem Versteck nach der Flucht aus dem Ghetto gelernt, die Polizei und alle Uniformen zu fürchten, aber hier war er mit einem Male das Blaulicht-Subjekt, nicht das Objekt aller Aufmerksamkeit, und alles war ganz anders. Unser Lunch war heiter, und nicht nur aus kulinarischen Gründen, denn ich hatte ja in meiner Jugend meine eigenen Gründe, die Polizei des Dritten Reiches und ihren langen Arm zu fürchten, und ich verstand jedes Wort, das er sagte. Zurück auf den Bahnhof brachte ich Marcel aber in meinem alten Wagen, denn man soll große Momente nicht wiederholen. »Sagen Sie, Herr Reich-Ranicki« – das Unwiederholbare, hier war's getan?

Marcels Arche
von Eva Demski

Meine Lieblingsgeschichte mit ihm erzähle ich vor der eigentlichen: Es ist ein sonniger Samstag, wir begegnen uns an der häßlichen Hauptstraße und unterhalten uns ein bißchen. Das heißt, seine Frau Tosia und ich unterhalten uns, deswegen langweilt er sich und schaut ins Schaufenster einer Apotheke. Der Apotheker, ein naturverbundener Mensch, unterrichtet seine Kunden auf einer Schautafel über bedrohte Tierarten.

Marcel Reich-Ranicki studiert sie mangels Interessanterem, kommt zu einem Schluß, dreht sich um und spricht zu seiner Frau wie folgt:

»Sieh mal, Tosia, eine Würfelnatter. Sie sagt, sie stirbt aus! Na und? Ich habe noch nie eine Würfelnatter gebraucht!«

Zu der Zeit glaube ich ihn so weit zu kennen, daß ich mir die Würfelnattergedanken in seinem Kopf vorstellen kann: Wozu hat der Schöpfer, an den ich sowieso nicht glaube, ein Wesen erschaffen, das weder für Thomas Mann noch für Goethe, Fontane oder Shakespeare brauchbar ist? Nicht einmal im Paradies, an das ich ebenfalls nicht glaube, kann man sich eine Schlange mit diesem Namen vorstellen: Also stirb ruhig aus, du literarisch unnützes Tier, keiner wird dich beweinen. Da sie aber doch dieses eine, einzige Mal auf Papier geraten ist, billigt er ihr eine Stimme zu: »Sie sagt, sie stirbt aus.« Sie ist gedruckt, also ist sie. Jedenfalls in dieser Apotheke.

So, denke ich, dachte er.

Erst später ist mir aufgegangen, warum ich diese Ge-

Mit Eva Demski, Klagenfurt 1981

schichte so gern habe und warum sie mich gerührt hat, obwohl ich lachen mußte. Das hat mit der zweiten Geschichte zu tun, die viel weiter zurückliegt und die ich zu erzählen versuche.

Damals hatte er mich zum Essen eingeladen, in ein italienisches Kneipchen, das nichts Besonderes war und schon lang nicht mehr existiert. Was war der Grund für die Einladung? Ich weiß es nicht mehr. Ich sollte etwas schreiben, er wollte eins seiner kleinen Examina veranstalten und die Schweißausbrüche seines stotternden Gegenübers genießen – was es auch war, das Gespräch geriet in eine andere Richtung. Er erzählte vom Warschauer Ghetto, lakonisch, er brauchte wenig Worte. Seine Mutter habe ihm von einem Mädchen in der Nachbarschaft erzählt, dessen Vater sich grade erhängt habe. Er solle sich um sie kümmern, habe sie zu ihm gesagt. »Das tu ich bis heute«, beendete er seine karge Erzählung. Mit dem Weiteressen war nichts, jedenfalls nicht bei mir.

Heute kennen Zigtausende von Lesern seiner Autobiographie »Mein Leben« diese Geschichte, was vor ihr war und was danach. Damals haute es mich um. Nicht, daß ich nicht gewußt hätte, was es mit dem Holocaust auf sich hatte – aber diese Unmittelbarkeit, diese unerträgliche Knappheit und Klarheit war mir neu.

Einem wie dem mußte Literatur etwas anderes bedeuten als den Literaturleuten, die ich bisher kennengelernt hatte. Eine Art Arche Noah vielleicht, mit der man der Flut der Barbarei entkommen kann.

Ich mußte jedenfalls Jahre später, beim samstäglichen Zusammentreffen mit der unglücklichen Würfelnatter, wieder an die frühe Begegnung denken. Diesem Mann, der sich nie erlahmend voll Neugier und Leidenschaft in die Literatur stürzt und auf fast komische Weise das ganze Universum auf seine literarische Tauglichkeit überprüft, ist die Eroberung einer Welt gelungen, auf die man sich verlassen kann. Sie enthält, was wichtig ist: Liebe, Verrat, Tod, Hunger, Einsamkeit, Glück – aber sie läßt sich beherrschen und ertragen. Man kann sie zuklappen, wenn es in ihr nicht mehr auszuhalten ist. Und wer nichts in ihr zu suchen hat, soll ruhig aussterben.

Hand in Hand mit Teofila
von Hilde Domin

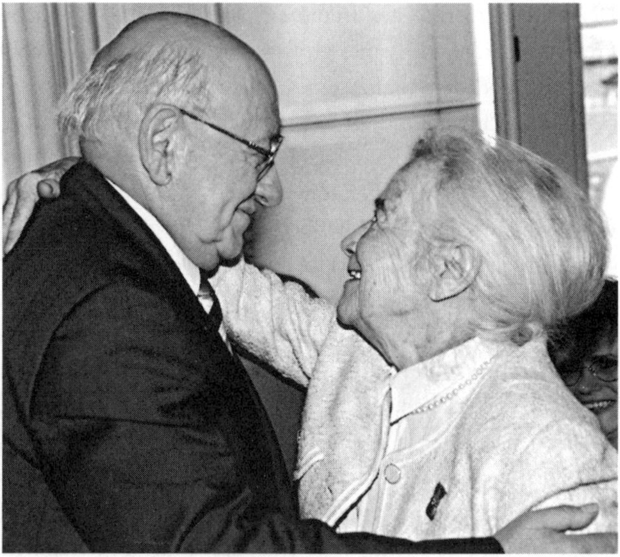

Mit Hilde Domin, 1990

Wenn ich an Marcel Reich-Ranicki, den großen Kritiker, denke, sehe ich ihn Hand in Hand mit Teofila durchs Leben und die Säle schreiten und die verdiente Bewunderung genießen.

Miteinander . . .
von Wolfgang Frühwald

Der Oberbürgermeister freute sich offenkundig über den Preis, der den Namen eines großen und unglücklichen Dichters trug und den Glanz seines Nachruhms auch der kleinen Stadt schenkte, in der er verliehen wurde. So begrüßte er Bundes- und Landtagsabgeordnete, einen Landrat, einen Stadtverordnetenvorsteher, die Stifterin des Preises, einen Professor Doktor und schließlich den »sehr geehrten Herrn Marcel Reich-Ranicki«. Da bedurfte es keines Titels und keiner Verbeugung, jeder im Saal wußte, wer gemeint war, eben Marcel Reich-Ranicki, der sicherlich bekannteste deutsche Literaturkritiker. Aber neben mir saßen da in der ersten Reihe *zwei* Menschen, ein alter Herr und eine alte Dame, die zusammengehörten, nur einer von ihnen wurde begrüßt. Ab und zu sprachen sie während der Preisverleihung ein leises Wort, wie das lange miteinander vertraute Paare so tun; viele Worte braucht es nicht, weil jeder des anderen Gedanken mitdenkt. Neben mir saßen an diesem Vormittag im Juni 1999 Marcel und Teofila (Tosia) Reich-Ranicki. Sie hielten sich an der Hand, während all der Reden, denen sie zuhören mußten, sichtbar und ganz selbstverständlich.

Die im selben Jahr erschienene Autobiographie Marcel Reich-Ranickis »Mein Leben« habe ich anschließend nicht als eine Verfolgungsgeschichte gelesen, nicht als eine Geschichte von der lebensrettenden Literatur oder als eine Art von Schelmenroman, was sie ja auch ist, sondern als eine ungewöhnliche Liebesgeschichte. Die Szene im »Dritten Teil«, in Lublin, nach der Befreiung im September 1944, blieb im

Gedächtnis haften. Denn sie enthält, umrahmt von Satire und Groteske, das schlichte Bekenntnis der Liebe. Wie fünfzig sahen die ausgehungerten Menschen aus, die doch erst 24 Jahre alt waren. Einige billige Kleidungsstücke hatten sie sich kaufen können »Nun schauten wir etwas menschlicher aus. Wir sahen uns an und bemühten uns, ein wenig zu lächeln. Tosia fragte: ›Also haben wir wirklich überlebt?‹ Ich tat etwas, was in jener Zeit auf der Straße nicht üblich war. Ich küßte sie. Ein vorbeigehender älterer Soldat zeigte uns einen Vogel.«

Als ich Teofila und Marcel Reich-Ranicki, nach jener flüchtigen Begegnung im Juni 1999, wieder begegnete, waren sie wieder zu zweit. Und wieder saßen sie in der ersten Reihe nebeneinander, und mir ist, als hielten sie sich auch dieses Mal an den Händen. Es war am 10. Juli 2002, als in der überfüllten Großen Aula der Ludwig-Maximilians-Universität in München Marcel Reich-Ranicki, auf Antrag von sechs Fachbereichen der ehemaligen Philosophischen Fakultät, die Ehrendoktorwürde (Dr. phil. h. c.) verliehen wurde. Wenige Wochen vorher hatte der Rektor angerufen: Marcel Reich-Ranicki habe sich gewünscht, daß ich ihm die Laudatio halte. Ich erbat mir eine kurze Bedenkzeit, denn die Auseinandersetzung um Martin Walsers Buch »Tod eines Kritikers«, in dem Marcel Reich-Ranicki eher als Scharfrichter der Literatur denn als Literatur-Kritiker gezeichnet worden war, hatte soeben einen ersten Höhepunkt erreicht. Eine Laudatio für Marcel Reich-Ranicki bedeutete in dieser Situation, sich öffentlich auf die Seite einer der beiden Konfliktparteien zu stellen.

Ich war Mitglied der Jury, als Martin Walser 1998 der

Friedenspreis des Deutschen Buchhandels verliehen wurde, und meine heute noch, daß die Verleihung dieses Preises gerechtfertigt war. Kaum ein anderer deutscher Schriftsteller (Reiner Kunze ausgenommen) hat über Jahre und Jahrzehnte hin gegen alle Wahrscheinlichkeit so zuversichtlich auf eine Vereinigung der getrennten Teile Deutschlands gehofft wie er. 1988, als die Zweistaatlichkeit Deutschlands auf hundert Jahre zementiert schien, hatte Martin Walser in einer »Rede über das eigene Land« verdeutlicht, daß er sich mit der deutschen Teilung niemals abfinden werde. Welche Ermutigung dies für die in der DDR bedrängten und verfolgten Autorinnen und Autoren bedeutete, dafür kann unter anderen Erich Loest als Kronzeuge befragt werden. Die öffentliche Hysterie, die um Walsers uns alle überraschende Friedenspreisrede entstand, kann ich mir nicht durch den Wortlaut (und vor allem nicht durch den Vortrag) dieser Rede erklären, sondern nur durch die hartnäckige Verdrängung der Tatsache, daß durch den nationalsozialistischen Völkermord am europäischen Judentum jenes (von K. L. Naumann so genannte) »zivilisatorische Urvertrauen« zerbrochen ist, das zur Basis offener Gesellschaften gehört. Auch Marcel Reich-Ranicki hat damals (1998), unbeeindruckt von der mit grobem Geschütz geführten Debatte, erklärt, Klaus von Dohnanyi und Martin Walser wegen dieser Rede und ihrer Verteidigung »latenten Antisemitismus« vorzuwerfen sei Unsinn. Mit Martin Walser hatte ich soeben noch in der »Zukunftskommission« des Landes Baden-Württemberg gut und vertrauensvoll zusammengearbeitet, jetzt für Marcel Reich-Ranicki, den ich persönlich kaum kannte, eine Laudatio zu halten hieß: Martin Walser öffentlich zu kritisieren.

Ich habe mich dann innerhalb eines Tages entschlossen, die Laudatio zu halten, weil ich rings um mich, vor allem bei meinen jüdischen deutschen und sogar bei den israelischen Freunden eine Unsicherheit spürte, die fatal alte Verfolgungsängste wiedererweckte, aber auch, weil ich auf hämische Schadenfreude stieß bei Menschen, denen es nicht um die Qualität von Literatur und Kritik ging, sondern um Skandal und Sensation. Inzwischen war Martin Walsers umstrittenes Buch erschienen, das bisher nur wegen des offenen Absagebriefes im Feuilleton der »Frankfurter Allgemeinen Zeitung«, weshalb Walsers Roman in dieser Zeitung nicht vorabgedruckt werde, bekannt geworden war. Im Internet wurde der Klappentext nachgeliefert, den der Verlag in der Buchausgabe demonstrativ und skandalträchtig verweigert hatte. Am 5. Juni (2002) erschien in der »Süddeutschen Zeitung« eine etwas zwiespältige Kritik von Joachim Kaiser; in der »Zeit« fand ich am 6. Juni eine – wie mir noch immer scheint – gerechte und an Deutlichkeit nicht zu übertreffende Kritik Ulrich Greiners; in der »Frankfurter Allgemeinen Zeitung« erschien am 27. Juni, nach Frank Schirrmachers offenem, die Provokation beantwortendem Brief vom Mai 2002, die überzogene, vor allem auf den Antisemitismus-Aspekt abhebende Kritik Jan Philipp Reemtsmas. Ich wollte mich in der Laudatio, die ja einem Kritiker und einem Literaten galt, also einem Mann, der einen in Deutschland seit Jahrhunderten nicht wohlgelittenen Beruf ausübt, nicht auf die Frage einlassen, ob es in Deutschland einen neuen, lange unterdrückten Antisemitismus gebe. Denn ich war (und bin) überzeugt, daß es eine solche irrationale Strömung nur in rechtsradikalen Schmuddelecken gibt, nicht als Grundstimmung des Bürgertums wie in den dreißiger Jahren des 20. Jahrhunderts. Es gibt diesen Antisemitismus nicht einmal als den von Ruth Klüger so genannten »guten alten Risches von 1910«, also in der Form des bürgerlich-nationalistischen Antisemitismus der Treitschke-Ära. Das literarische Spiel aber, das mit antisemitischen Klischees in Walsers Roman gespielt wurde, war so leichtfertig, daß es viele Menschen, nicht nur in Deutschland, ängstigte. Es konnte leicht der *Eindruck* entstehen, das alte antisemitische Gespenst sei aus seiner schmutzigen und verachteten Höhle aufgebrochen und habe auch andere als Höhlenbewohner, andere als jene auf Deutschlands Straßen wieder »Sieg Heil« brüllenden Troglodyten infiziert. Eindrücke können sich rasch zu politischen Fakten verdichten. Wer also politisch-soziale *Fakten* vermeiden möchte, muß sich zuerst um die *Eindrücke* kümmern, die er – vielleicht wider Willen – hervorruft. Denn schließlich geht es in Walsers Roman tatsächlich nur um die üblichen Eitelkeiten des Literaturbetriebs, also – meinte Ulrich Greiner – »um nichts«.

Marcel Reich-Ranicki hat in seiner Antwort auf die Ehrung, die ihm öffentlich in München erwiesen wurde, seine Verletzung durch Roman und Debatte bekannt. Er hat nicht wehleidig, sondern wie immer kämpferisch und polemisch (vielleicht sogar, gut münchnerisch, »grantig«) geantwortet, aber daß er verletzt war, blieb nicht verborgen. Die jüdische Gemeinde Münchens hat auf den Festakt erleichtert reagiert, weil sie ihn zu Recht auch als ein Bekenntnis des intellektuellen München zu dieser Gemeinde und als die Demonstration des Willens auslegte, dem Spiel mit dem Feuer keinen Raum zu geben. Die von Marcel Reich-Ranicki seit langem bekämpfte deutsche Unsitte, alle Deutschen jüdischer Herkunft für die Taten und Handlungen des Staates Israel verantwortlich zu halten, feierte 2002 fröhliche Urständ. Die Debatte um Walsers Roman fiel zusammen mit dem törichten politischen Versuch, durch Kritik am Staat Israel muslimische Wählerstimmen in Deutschland zu gewinnen, so daß ein seltsames (von meinen israelischen Freunden dann als anhaltender Stimmungswandel erlebtes) Syndrom konstatiert wurde, wonach Israel nicht mehr, wie in den vierzig vorhergehenden Jahren, als ein besonderer und ein *bevorzugter* Partner der deutschen Politik zu gelten scheint. Nicht der Schlüsselroman Martin Walsers, der ja auch andere Personen der literarischen Szene Deutschlands als Marcel Reich-Ranicki sehr unsanft behandelte, hatte die explosive Stimmungslage erzeugt, sondern die böse Mischung aus politischem Kalkül, öffentlicher Stimmung, literarischer Rankünе und Sensationsgier am Ende der von Marcel Reich-Ranicki seit 14 Jahren bravourös geleiteten und dominierten Fernsehserie »Das literarische Quartett«.

Beim Nachgespräch zu der Feier in München, bei »Mario« in der Adalbertstraße, war Marcel Reich-Ranicki wieder ganz er selber. Wir sprachen über Literatur und Schriftsteller, mehr über die Personen als ihre Werke, denn schließlich war und ist dieser Mann eine Fundgrube für die anekdotisch zugespitzte und auch so erzählte Begegnung mit Poeten aus fernen Tagen ebenso wie aus nahen. Seine Autobiographie hat diese anekdotische Darstellung lebensgeschichtlich erklärt und zum Erzählprinzip gemacht; sie erzeugt damit nicht nur Aufmerksamkeit, sondern Spannung. Dieses Buch, das vielleicht oft allzusehr beim Wort genommen wird, ist Literatur auch in dem Sinne, daß es nicht nur Wirklichkeit erzählt, sondern Wirklichkeit schafft. Am 10. Juli 2002 war Teofila Reich-Ranicki besonders schweigsam. Es ging ihr nicht gut an diesem Abend, ihr Mann hat dies bemerkt. Mir schien, daß die Verletzung bei ihr nachhaltiger wirkte als bei Marcel Reich-Ranicki. Frauen haben das »Angstgedächtnis« der Menschheit inniger bewahrt als die, zumindest in unserem Kulturkreis, durch Erziehung und Tradition davon entwöhnten Männer.

An diesem Abend im Sommer 2002 fragte ich mich, woraus die beiden über 80 Jahre alten Menschen Tosia und Marcel Reich-Ranicki die Kraft schöpfen, Auseinandersetzungen, wie sie ihnen damals aufgezwungen wurden, zu ertragen und zu bestehen. Die Antwort liegt auf der Hand: weil sie alles *miteinander* ertrugen und ertragen, weil sie gemeinsam durch die Todesdrohung, die Ermordung der Angehörigen und der Freunde, die Flucht aus dem Ghetto, das Leben im Versteck, den Krieg und die Jahre der Neuorientierung, den Aufstieg und den Ruhm, die Debatten und die Konflikte gegangen sind. »Kümmere dich um das Mädchen«, erzählt Marcel Reich-Ranicki, habe seine Mutter 1940 in Warschau zu ihm gesagt, als sich Teofilas Vater erhängt hatte; und die letzten Worte, die Tosia von der Mutter Marcels, kurz vor deren Deportation in den Tod, gehört hatte, lauteten: »Kümmere dich um Marcel.« So ist es gekommen, daß sie Hand in Hand durchs Leben gingen. Ehen, heißt es, werden im Himmel geschlossen. Man könnte es aber auch so ausdrücken: eine Ehe, die in der Hölle geschlossen wurde (und das Warschauer Ghetto war die Hölle auf Erden), hat in der Wirklichkeit dieses Lebens allemal Bestand.

»Genial!« – Gab es eigentlich eine Zeit vor Marcel Reich-Ranicki? von Robert Gernhardt

Manchmal will es mir so vorkommen, als habe er mein Lesen schon seit Urzeiten in die von ihm als richtig erkannten Bahnen zu lenken versucht, doch dieser Eindruck täuscht. Tatsache ist vielmehr, daß der Kritiker uns erst so gegen Mitte der sechziger Jahre aufgefallen ist, wobei mit »uns« kein Plural majestatis gemeint ist, sondern die Belegschaft einer Berliner Sechs-Zimmer-Wohnung, allesamt so um die Mitte Zwanzig, alle Kunststudenten, zwei von ihnen allerdings zugleich an der Freien Universität eingeschrieben, wo sie als Beifach Germanistik studierten.

Diese beiden aber sind niemand anderer als Fritz Weigle, besser bekannt unter seinem Pseudonym F. W. Bernstein, und der Verfasser dieser Zeilen, und wir waren es wohl auch, die auf eine literarische Sendereihe aufmerksam wurden, von der ich nicht mehr zu sagen weiß, welcher Sender sie zu welcher Sendezeit in welcher Länge ausstrahlte – alles, was ich noch erinnere, ist, daß sie sich »Literarisches Kaffeehaus« nannte und daß da drei – oder waren es vier? – Herren über neue Bücher redeten. Welche Herren? Ich vermute: Hans Werner Richter, ich glaube zu wissen: Hans Mayer, ich weiß: Marcel Reich-Ranicki.

Der nämlich war uns nicht nur durch seine eigenwillige Diktion und seinen einzigartigen Furor aufgefallen, der weckte in uns kreative Kräfte. Nicht, daß wir ihn gezeichnet oder gar gemalt hätten – wir kannten ja nur seine Stimme. Doch die genügte.

Ein Kommilitone hatte ein Tonbandgerät in die WG eingebracht; mit dem trieben wir unsere Spielchen, und eines ging so: Wir schnitten Reich-Ranickis radiophonische Urteile mit, die Verdikte und die Hymnen, und paßten sie mittels eines zweiten Geräts in neue, von uns geschaffene Zusammenhänge ein, indem wir dem Kritiker beispielsweise die folgende Frage stellten: »Herr Reich-Ranicki – Homer hat nun nach seiner sehr erfolgreichen ›Ilias‹ ein zweites Epos vorgelegt, die ›Odyssee‹. Was ist von diesem Zweitbuch zu halten?«

Worauf wir Reich-Ranicki im O-Ton antworten ließen: »Ein katastrophales Buch! Es hat mich sehr enttäuscht!«

»Was ist da schiefgelaufen, Herr Reich-Ranicki?«

»Ein Buch darf alles, nur nicht langweilen! Und dieses Buch hat mich gelangweilt!«

Na und so weiter – für den korrekten Wortlaut kann ich mich naturgemäß nicht verbürgen, da die Bänder den Weg aller Tonkonserven gegangen sind: Verkramt, verweht, verschwunden ...

Nicht so Marcel Reich-Ranicki. Der wurde in den Folgejahren immer breiteren Schichten immer präsenter, der wuchs zu einer Figur des öffentlichen Lebens heran, zu einem Medienstar und Literaturpapst, der dennoch Woche für Woche Kärrnerarbeit leistete. Und die war es denn auch, welche den Kritiker und uns, die ehemaligen Kunststudenten, noch einmal zusammenführte.

Gemeint ist die »Frankfurter Anthologie«, jene 1974 von Reich-Ranicki für die F.A.Z. ins Leben gerufene und betreute Kolumne, welche seither in jeder Samstagsausgabe der Lyrik eine Gasse bahnt, richtiger gesagt dem deutschen Gedicht, den deutschen Dichtern und deren Interpreten, wobei die Rollen wechseln können: Hatte ich mich zuerst, Mitte der 80er, zu meiner Überraschung unter den Interpretierten wiedergefunden – Dieter E. Zimmer stellte meine Ode »Gruß aus dem Wildfreigehege Mölln« vor –, so erlebte ich bald darauf mein Debüt als Interpret. Reich-Ranicki hatte mir diesen Wunsch telefonisch mitgeteilt und weitgehende Freiheiten eingeräumt: Ich dürfe jedes beliebige Gedicht auswählen, nur von Goethe müsse es sein.

Die »Frankfurter Anthologie« hatte ich bereits seit Jahren mit Interesse, Gewinn und manchmal auch Belustigung gelesen, nun lernte ich den Mann hinter dieser Unternehmung besser kennen sowie aufrichtig bewundern, und das in zweierlei Hinsicht.

Fast zwei Jahre lang, 1964 bis 1966, habe ich selber als Redakteur gearbeitet, und in dieser Zeit bei »pardon« machte ich die Erfahrung, welcher Überredungskunst es oft bedarf, um jemanden zum Schreiben zu bringen. Als langjähriger freier Mitarbeiter von Blättern und Sendern wiederum blieb mir die Erkenntnis nicht erspart, daß ich, der Autor, nur bis zur Ablieferung des Manuskripts interessierte. Danach herrschte häufig tiefes Schweigen, wenn nicht absolute Funkstille – daß da überhaupt etwas angekommen, gedruckt oder gesendet worden war, machten nach – manchmal langen – Wartezeiten erst Belegexemplare deutlich oder, noch unpersönlicher, Honorarüberweisungen.

Wie anders die Zusammenarbeit mit dem Redakteur Reich-Ranicki!

Der rief an. Der schrieb zurück. Der machte Vorschläge, oder er ging auf Vorschläge ein. Der insistierte auf deren Realisierung. Und das alles fast postwendend: Rara avis!

Eine Begebenheit ist mir in besonders eindringlicher Erinnerung geblieben. Reich-Ranicki hatte mich aufgefordert, doch mal wieder ein Gedicht zu interpretieren, nach Möglichkeit eines von Erich Kästner. Ich schlug die »Familiären Stanzen« vor, legte dem Schreiben jedoch noch ein Gedicht von F. W. Bernstein bei, sein wundersam abseitiges Poem »Weltmacht Wachtel«.

Zu meiner Überraschung erhielt ich die Order, zuerst den Bernstein und dann den Kästner zu machen, und so geschah es: Ich interpretierte erst einmal das Gedicht meines langjährigen Freundes und Mitstreiters nach allen Regeln der Kunst und schickte es z. Hd. Reich-Ranicki.

Es waren nur wenige Tage vergangen, doch in denen hatte sich viel ereignet. Turbulente Ereignisse hatten die Interpretation in den Hintergrund treten lassen, so daß mich der nachmittägliche Anruf vorerst in einen Zustand völliger Ratlosigkeit stürzte.

»Genial!« rief da jemand volltönend, jedoch ohne jegliche Namensnennung ins Telefon.

Ein Urteil, das mich elektrisierte und alarmierte. Hatte ich nicht schon immer gehofft, wenigstens einmal in meinem Leben »genial« genannt zu werden – krönender Höhepunkt einer schwankenden Karriere, für die mir keine bessere Formel eingefallen war als »Vom Wunderkind zum Spätentwickler«?

Aber galt das lauthals verkündete Urteil überhaupt mir? Und wer war der Richter? Mit gebotener Vorsicht dankte ich für den aufbauenden Anruf, behutsam fragte ich nach der Identität des Anrufers.

»Jeder Taxifahrer kennt meine Stimme«, scholl es aus der

Muschel. »Und da muß ich ausgerechnet Ihnen erklären, wen Sie vor sich haben?«

Mußte er zu diesem Zeitpunkt natürlich längst nicht mehr, doch dann fiel zuerst der Name und sodann ein Hinweis, welcher auch noch den letzten Zweifel daran zerstreute, vielleicht einem Reich-Ranicki-Imitator aufgesessen zu sein: Genial – das beziehe sich auf meine Bernstein-Interpretation, sie werde so bald wie möglich erscheinen. »Und wann kommt der Kästner?«

Die Frage wiederholte sich, als ich dem Kritiker wenige Tage später leibhaftig über den Weg lief, doch zuvor hatte ich damals einen kleinen Wermutstropfen schlucken müssen.

»Fast genial!« rief Reich-Ranicki aus, als er meiner ansichtig wurde, meinte damit wiederum besagte Interpretation und ließ in mir die bange Frage aufkeimen, wie wohl unsere Folgebegegnungen eingeleitet werden würden: Von »Nicht so genial« über »Recht talentiert« zu – aber lassen wir derlei Glasperlenspiele, halten wir uns an die Tatsachen. Ich machte den »Kästner«, ich interpretierte in der Folgezeit Gedichte von Peter Maiwald, Peter Rühmkorf und Gottfried Benn, und ich erhielt jedesmal die gewohnt raschen Reich-Ranickischen Rückmeldungen, kritische, erfreute und lobende. Das Wort »genial« freilich fiel nie wieder, doch für eine kurze Zeit wenigstens hatte ich diese glänzende Feder an meinen Interpretenhut stecken dürfen: Glückliche Tage! Nicht weinen, weil sie vorüber – lächeln, weil sie gewesen.

Es gibt Ehen, die werden auf keinem Standesamt besiegelt
von Günter Grass

Es gibt Ehen, die werden auf keinem Standesamt besiegelt und auch von keinem Scheidungsrichter getrennt; keine Kirche gibt ihnen höhere Weihen. In diesem Sinne ist mein Verhältnis zu Marcel Reich-Ranicki zu verstehen: Ich werde ihn nicht los, er wird mich nicht los. Da hat er nun über fünf Jahrzehnte hinweg meine Bücher zumeist verrissen und manchmal gelobt, einmal sogar hat es ihm gefallen, im Dienste des Magazins »Der Spiegel« auf dem Cover zu agieren, indem er einen Roman von mir mit allerbildlichster Deutlichkeit zerriß; das hat mich, zugegeben, verletzt.

Es war und blieb ein anstrengendes Verhältnis. Oft habe ich mich gefragt: Wie ist es möglich, daß jemand meiner Prosa grämlich wie ein anderer Beckmesser aufsitzt und dennoch von früh an meinen Gedichten auf der Spur ist, hingerissen, verführt?

So hängen wir aneinander und tragen uns unsere Zerwürfnisse nach. Als er mich vor Jahresfrist nach längerem und dröhnendem Schweigen in Lübeck besuchte, waren wir beide ein wenig gerührt. Der wechselseitigen Abhängigkeit bewußt, gingen wir schonend miteinander um. Sein Sohn war dabei und machte Fotos von uns, aus denen leider, wie später zu hören war, nichts wurde. Die ihm nachgesagte Unerbittlichkeit ist, so schien mir, von den Rändern her ein wenig faserig, durchsichtig geworden; das macht ihn umgänglicher. Er stellte sogar Fragen, vermutlich aus aufkeimendem Selbstzweifel. Ich hätte ihn umarmen sollen. Das sei hiermit nachgeholt.

Noch haben wir Zeit für weitere Mißverständnisse und Liebesbeteuerungen.

Schule der Geläufigkeit
von Ulrich Greiner

Als ich Marcel Reich-Ranicki mein erstes Manuskript zu lesen gab – es war eine Rezension von Peter Schneiders Erzählung »Lenz«, Reich-Ranicki war eben zur F.A.Z. gekommen, während ich schon ein paar Jahre als Jungredakteur im Feuilleton gearbeitet hatte –, rief er mich in sein Zimmer, bat mich, die Tür zu schließen und Platz zu nehmen, griff sich das Manuskript und las mir die ersten Sätze mit kraftvoller Stimme laut vor, so daß ich rot vor Scham wurde, denn ich verstand sofort, was er mir dann Punkt für Punkt erläuterte, daß meine Sätze, durch seinen Vortrag gnadenlos hörbar gemacht, umständlich, stumpf und klanglos waren, und ich ging durch diese von Fall zu Fall sich wiederholenden Übungen hindurch wie ein Klavierschüler durch Czernys »Schule der Geläufigkeit«, wobei aus mir, um im Bild zu bleiben, kein Franz Liszt (ein Schüler Czernys) geworden ist, aber begriffen habe ich immerhin eines der Geheimnisse von Reich-Ranickis Erfolg, und ich stieß auf die mir damals neue Erkenntnis, daß es nichts hilft, interessante Gedanken zu haben, wenn man sie nicht wirkungsvoll darstellen kann. – Übrigens vergleiche ich MRR nicht mit Czerny, sondern, wenn schon, mit Beethoven, der diesen eine Weile unterrichtet hat.

Mit Laura
von Volker Hage

Am zweiten Weihnachtstag des Jahres 1985 waren meine Frau und ich beim Ehepaar Reich-Ranicki in der Frankfurter Gustav-Freytag-Straße eingeladen: um 19 Uhr zum Gansessen. Unsere Tochter Laura war damals gut drei Monate alt und problemlos in ihrer blauen Tragetasche mitzunehmen: Sie ließ sich von einer fremden Umgebung nicht im Schlaf stören, wir hatten sie auch schon im Restaurant auf diese Weise dabeigehabt.

Tosia und Marcel Reich-Ranicki freilich waren sehr besorgt wegen des Kindes, fanden wohl auch die jungen Eltern allzu leichtfertig im Umgang mit der Tochter, zumal wir sie – es waren noch andere Gäste anwesend – einfach im Nebenzimmer abstellten und behaupteten, wir würden sie hören, falls sie aufwacht. Ganz so routiniert, wie wir vorgaben, waren wir freilich nicht: Eigentlich sollte das Kind in Obhut einer Großmutter bleiben, die bei uns zu Besuch war (aber das schien uns noch unsicherer zu sein); und so waren wir nach einigem Hin und Her fast eine Stunde verspätet erschienen.

Der Abend verlief dennoch äußerst angenehm. Die Gans kam gleich auf den Tisch und schmeckte vorzüglich. Die Gespräche waren, dominiert vom Hausherrn, spannend – auch wenn Reich-Ranicki am Ende behauptete: »Es hätte ein wirklich netter Abend werden können, wenn ich wenigstens etwas mehr zu Wort gekommen wäre!« Seine Anflüge von Selbstironie waren mir damals noch nicht so vertraut wie heute (ich arbeitete seit zehn Jahren bei der F.A.Z., hatte aber 1980 das Literaturblatt verlassen und war in ein anderes Ressort gewechselt; wobei der Abstand dem Verhältnis zwischen Reich-Ranicki und mir eigentlich gar nicht schlecht bekam).

Als wir uns an jenem Abend verabschieden wollten, entstand eine jener Legenden, die Reich-Ranicki so liebt: Meine Frau und ich zogen uns an, traten ins Treppenhaus, um den Fahrstuhl zu holen – da rief er uns hinterher: »Es ist unglaublich! Die Hages haben ihr Kind vergessen!« Als ich das richtigstellen wollte, lief er erst recht zu großer Form auf: »Geben Sie es ruhig zu, Sie haben gar nicht mehr an Laura gedacht!«

Wieviel Spaß ihm diese Idee machte, merkte ich jedoch erst am nächsten Morgen, als ich in die Redaktion kam. Kaum hatte ich den Flur betreten, kamen schon die ersten Kollegen auf mich zu: »Sag mal, stimmt es, daß ihr euer Kind bei Reich-Ranicki vergessen habt und nach Hause gefahren seid?« Die Geschichte war nicht mehr aufzuhalten, da half kein Widerspruch. Sie klingt ja auch besser als die Wahrheit. Eigentlich wiederhole ich es hier auch nur für Laura, die gerade ihr Abitur macht: Wir haben sie damals wirklich nicht vergessen.

Abverlangt
von Ulla Hahn

Ende der siebziger Jahre. Ich hatte nach mehreren Jahren als Wanderprediger mit Lehraufträgen in Germanistik von Uni zu Uni gerade als Literaturredakteurin bei Radio Bremen angefangen: ein grandioses Gefühl der Freiheit. Nicht nur von finanziellen Sorgen, auch von dem Zwang, jede literarische Zu- oder Abneigung begründen zu müssen, Liebe mit Fußnoten sozusagen. Für meine Sendungen konnte ich nun in Büchern schwelgen und – bekam Lust, selbst zu schreiben. Gedichte, was sonst.

Die Einladung nach Wien zum ORF brachte mir allerdings noch eine wissenschaftliche Arbeit ein; es ging um Frauenliteratur. Wir stritten, was meinen Gesprächspartner, Marcel Reich-Ranicki, sicht- und hörbar belebte. Nach der Sendung saßen wir noch in der Runde zusammen, und es fiel, wie in »Mein Leben« nachzulesen, die Frage: Haben Sie auch noch anderes geschrieben außer diesem Aufsatz? Meine Antwort, beflügelt durch ein, zwei Gläser grünen Veltliners: Ja, Gedichte. Worauf sich der Frager mit einem Schlag auf die Glatze entsetzte: Um Gottes willen, schon wieder eine, die Gedichte schreibt! Dann aber doch gnädig hinzufügte: Schicken Sie! Aber nicht zu viele. Fünf sind genug.

Ich schickte. Der Anruf kam: Wir drucken alle. Schicken Sie mehr.

Etwa zehn Jahre später hielt MRR im Hamburger Rathaus eine Rede über Heinrich Heine. Um ihn und Tosia wiederzusehen, kam ich aus Bremen dazu. Nach seinem Vortrag stellte er mich dem Gastgeber vor, dem Bürgermeister.

Ich kenne Ihre Gedichte, sagte der, statt einer Begrüßung, und untermauerte diese Behauptung mit einem Zitat aus »Herz über Kopf«. Das war weit mehr, als man von einem Politiker erwarten darf; normalerweise bescheiden sie unsereins mit: ›Meine Frau liest Ihre Gedichte‹ und halten das auch noch für ein Kompliment. Rühmliche Ausnahme, die auch hier nicht unerwähnt bleiben soll: Hans-Ulrich Klose und seine Frau amüsierten sich bei meiner Lesung aus meinem Roman »Ein Mann im Haus« bei Bouvier in Bonn ganz ungeniert in der ersten Reihe.

Zurück nach Hamburg: ein Bürgermeister, mit dem man über Gedichte reden konnte, über Literatur, der soviel mehr gelesen hatte als den letzten Bestseller für den Partysmalltalk! Der meine Gedichte schätzte, buchstäblich und ohne Ansehen meiner Person. Wie sollte mir das nicht gefallen? In seinem Amtszimmer standen hinter seinem Stuhl am Schreibtisch sämtliche Ausgaben der Frankfurter Anthologie, stand »Das große deutsche Gedichtbuch« von Conrady, reihten sich Gedichtbände von Heine, Grillparzer, Benn und Platen und vielen anderen. Dieser Verssammlung galt meine Liebe auf den ersten Blick. Später dann auch dem Vers-Sammler. Bis heute.

Nun mag man einwenden, nicht MRR habe zweimal eine entscheidende Rolle in meinem Leben gespielt, es seien vielmehr jedesmal die Gedichte gewesen. Richtig. Aber: Ohne sein »Schicken Sie« vor nahezu dreißig Jahren schriebe ich diesen Geburtstagsgruß nicht. Und so ziehe ich mich mit einer Verbeugung hinter MRRs Lieblingsdichter zurück: »Darum sei der Zöllner auch bedankt: / Er hat sie ihm abverlangt.«

Liebster …
von Elke Heidenreich

Es muß Mitte der achtziger Jahren gewesen sein. Ich war noch – man verzeihe das grauenhafte Wort – Talkmasterin in Berlin, in der Sendung »Leute« vom SFB. Man saß vor Publikum und versuchte, in einer Live-Sendung Gespräche zu führen, die möglichst locker und normal wirken sollten unter diesen unnormalen Bedingungen – Scheinwerfer, Schminke, Mikrofone, Kameras.

Mein Gast war Marcel Reich-Ranicki, es war unsere erste Begegnung. Er musterte mich skeptisch, aber nicht unfreundlich. Ich kannte ihn vom Literarischen Quartett, kannte seine Rezensionen, seine Leidenschaft für die Literatur, ich mochte ihn und fürchtete mich vor ihm – aber nur ein ganz kleines bißchen. Mut, los! Erste Frage:

»Warum soll man lesen?«

»Liebste!« schnaubte er, »was für eine Frage …« und hielt einen seiner erschöpfenden, gleichwohl höchst unterhaltenden Vorträge.

Ich versuchte es anders.

»Wo lesen Sie? Am Tisch, auf dem Sofa, im Bett?« Er donnerte geradezu. »Liebste! Im Bett! Was tun Sie im Bett? Na sehen Sie, das tu ich auch. Schlafen.«

Ich konnte fragen, was ich wollte, er schmetterte mich gekonnt ab, das Publikum unterhielt sich großartig, er kam immer mehr in Fahrt, ich schrumpfte auf Däumlingsgröße mit meinen dämlichen Fragen. Aber ich war in jeder Antwort, wie ironisch auch immer, die »Liebste«. Immerhin.

Und ohne nachzudenken, nein, es war nicht Schlagfertigkeit und nicht Kalkül, es war Überwältigung, Überrumpelung und wie Eingehen auf ein Angebot, sagte ich am Schluß dieses seltsamen Nicht-Gesprächs in einer Mischung aus Demut, Glück und Eingestehen einer Niederlage mit Teilsieg zu ihm:

»Danke, Liebster.«

Da begann unsere Freundschaft.

Er hat, soviel ich mich erinnere, nicht gelacht
André Heller

Mir waren bisher nicht allzu viele der immer interessanten Begegnungen mit MRR vergönnt. Meist engagierte sich Hilde Spiel als unsere Kupplerin. Bei der Präsentation von Hildes Memoiren in der barocken altösterreichischen Pracht des Palais Kinsky traten wir 1989 gemeinsam auf. MRR würdigte Werk und Weg der Autorin in ziemlich unbarmherziger Weise. Ich las Texte der von mir geliebten Freundin. Die damals schon schwer Kranke genoß, daß die Ruinen und Halbruinen, die man das geistige Wien nennen mußte, ziemlich vollständig und zu Huldigungen bereit erschienen waren. Mitten in seiner Ansprache erlitt der Meister vieler Klassen einen Hustenanfall, der sich als hartnäckig erwies. Mit Retterallüre servierte ich ihm an das Rednerpult ein wenig Naß zur Beruhigung seiner Kehle. Dabei bemerkte ich: »Sie dürfen jetzt nie mehr behaupten, ich könnte Ihnen nicht spielend das Wasser reichen.«

Er hat, soviel ich mich erinnere, nicht gelacht.

Das Kontor in der Mainzer Landstraße
von Jochen Hieber

Die schönsten Begegnungen mit Reich-Ranicki waren Begegnungen in Exil und Asyl. Genau gesagt, in seinem durchaus angenehmen Exil, das einige Jahre lang zu meinem freundlichen Asyl wurde. Sein Exil bestand aus einem etwa sechzehn Quadratmeter großen Kontor, in dem er selbst residierte, und einem etwas kleineren Zimmer für Frau Müller, seine Sekretärin. Dieses so bescheidene wie hinreichende Ensemble lag im fünften Stock eines Bürokastens an der Mainzer Landstraße im Frankfurter Gallusviertel, wenige hundert Meter entfernt vom neuen Redaktionsgebäude der F.A.Z. in der Hellerhofstraße.

Im der F.A.Z. wußten ihn damals – gut zehn Jahre ist es her – nicht wenige Redakteure gern in sicherer Entfernung. Für manchen jungen Kollegen im Feuilleton der Zeitung war er trotz permanenter Fernsehpräsenz eine Vergangenheitsfigur der Literaturkritik, an deren Vorbild man sich keineswegs zu orientieren gedachte. Die älteren Kollegen, die ihn fast zwei Jahrzehnte lang erlebt, erlitten und – ja, auch dies – bewundert hatten, genossen sichtlich die Abwesenheit seiner dominanten Erscheinung im täglichen Betrieb. Zu behaupten, ich hätte mich damals im Feuilleton wohl, gar beheimatet gefühlt, wäre übertrieben. Mit Gustav Seibt, nunmehr Literaturchef, bestand rasch Übereinstimmung darüber, daß wir nicht kooperieren konnten. Also tauschten Hubert Spiegel und ich die Plätze. Spiegel wechselte in die Literaturredaktion, ich ging in die Wochenendbeilage »Bilder und Zeiten«, für die er bisher gearbeitet hatte.

Zwischen Reich-Ranicki und mir aber herrschte bestes Einvernehmen, mehr noch: Um die Mitte der neunziger Jahre war unser Verhältnis so intensiv, vertrauensvoll und herzlich wie nie zuvor – und wie danach nie mehr. Wir telefonierten nahezu täglich, meist spätabends vor oder nach den »Tagesthemen«. Ich besuchte ihn regelmäßig zu Hause in der Gustav-Freytag-Straße, um mit ihm die ersten Entwürfe und Kapitel seiner Autobiographie zu diskutieren. Wir redigierten unsere Artikel wechselseitig. Keine Veranstaltung seines »Literaturforums« in Frankfurts Jüdischer Gemeinde habe ich damals verpaßt. Zweimal war er Gast in meiner Reihe »Nidda literarisch«, zweimal lud er mich ins »Literarische Quartett« ein. Der Gipfel der Vertrautheit war erreicht, als sich seine Frau und er eines Sonntagmorgens aufmachten, um mich in meinem mehr als siebzig Kilometer entfernten Vogelsbergdorf zu besuchen. Zwei hochgradige Unannehmlichkeiten hatte Reich-Ranicki dafür auf sich genommen: eine lange Autofahrt und eine Ankunft in der tiefsten deutschen Provinz.

Die schönsten Begegnungen indes fanden in der Mainzer Landstraße statt: ein bis zweimal in der Woche und fast immer am späteren Nachmittag. Anlaß dieser Treffen war die »Frankfurter Anthologie«, die Reich-Ranicki 1974 erfunden hatte und die er bis heute redaktionell betreut. Für Hans-Wolfgang Pfeifer, den damaligen Geschäftsführer der Zeitung, war diese Arbeit auch rechtfertigender Grund, dem Pensionär Reich-Ranicki ab 1989 weiterhin eine Sekretärin zu gewähren und ihn mit einem Büro auszustatten. Erschienen ist die »Frankfurter Anthologie« bis Ende 2001 stets auf der Seite 4 von »Bilder und Zeiten«. Ich spielte dabei viele

Jahre lang eine Doppelrolle als Bote und Berater. Bote, indem ich die in der Mainzer Landstraße eingegangenen Manuskripte der Mitarbeiter in die Hellerhofstraße mitnahm, sie dort in den Satz beförderte, dann die Seite 4 umbrach und druckfertig machte. Berater, indem ich mit Reich-Ranicki die Auswahl der Gedichte besprach und mit ihm über die Interpretationen der Beiträger debattierte.

Lohnt es sich, ein zweitrangiges Gedicht von Franz Werfel dem Vergessen zu entreißen und es neu deuten zu lassen? Müssen wir jetzt nicht mal eine längere Goethe-Pause einlegen? Was taugt eigentlich diese junge Lyrikerin Ulrike Draesner? Ist Hölderlin im Vergleich zu Heine oder Brecht immer noch unterrepräsentiert in der »Frankfurter Anthologie«? Sind die Gedichte von Günter Grass wirklich so gut? Hunderte solch herrlicher Fragen haben wir erörtert.

Und wir haben uns ausgetauscht über die Qualität der eingegangenen Interpretationen. Hat sich Walter Hinck an die festgelegte Maximallänge von zwei Seiten gehalten? Ist der neue Text von Peter von Matt so brillant wie gewohnt? Warum schreibt eigentlich Albrecht Schöne so selten für uns? Dürfen wir Ulla Hahns Deutung eines Gedichts von Ricarda Huch stillschweigend redigieren oder rufen wir die Interpretin besser an? Sollen wir X das Manuskript umarbeiten lassen und auf Y in Zukunft besser ganz verzichten?

Die lustvolle Arbeit wurde begleitet von Hannelore Müllers buchführender Organisation und ihrer immerwährenden Fürsorge. Kein Treffen in der Mainzer Landstraße, das sie nicht mit Kaffee oder Tee, mit Kuchen oder Keksen verschönt und versüßt, in jedem Fall entscheidend bereichert hätte. Ein paar Jahre lang gab es in Reich-Ranickis Büro auch eine naturgemäß von ihr vorbereitete und liebevoll ausgerichtete Weihnachtsfeier, die sich insgeheim als widerständige Parallelaktion zur einige hundert Meter entfernt stattfindenden Feier des Feuilletons verstand. Getreue wie Renate Schostack oder Ulrich Weinzierl fanden sich zunächst in der Mainzer Landstraße ein, bevor sie dann – ohne Reich-Ranicki, aber mit Frau Müller und mir – in den Hellerhof gingen.

All dies ist gar nicht lange her – und liegt sehr weit zurück. 1983 hatte mich Reich-Ranicki ins Literaturblatt der F.A.Z. geholt. Siebzehn Jahre später endete unsere Zusammenarbeit in einigen – wie in solchen Fällen üblich – durchaus weniger schönen Begegnungen. Aber das gehört nicht hierher. Reich-Ranickis Anthologie-Kontor befindet sich inzwischen wieder im Flur des Feuilletons. Das ist sehr gut so. Und wir beide reden auch längst wieder miteinander, auch wenn wir uns nicht mehr soviel zu sagen haben wie früher. Zu sagen aber ist: Marcel Reich-Ranicki ist der beste Redakteur, den ich kenne.

Literaturkritisches Imperium
von Walter Hinck

Einen »Giganten der Literaturkritik« nennt ihn das Programmheft der »lit.Cologne 2005«, deren Veranstaltungsreihe er in einer Matinee in der Kölner Oper durch ein Gespräch mit Elke Heidenreich über das Thema »Wozu lesen?« krönte. Schon mehrfach hatte sein Ruhm in Köln große Theatersäle bis auf den letzten Platz gefüllt. Ich will mich diesem Giganten selbstverständlich nicht mit der Schleuder, eher der Harfe des David nähern. Es gab schon frühere unvergessene Begegnungen mit Marcel Reich-Ranicki, so im Sommer 1973, als er in einem Hörsaal der Albertus-Magnus-Universität eine Regel des Lehrbetriebs auf den Kopf stellte, nämlich die, daß die Hörer- und Teilnehmerzahl der Vorlesungen und Seminare mit fortschreitendem Semester sinkt. In seine literaturkritischen Übungen strömten von Mal zu Mal mehr Studenten. Berichten könnte ich auch von meinem allerersten Gespräch mit ihm, während des Internationalen Heine-Kongresses 1972 in Düsseldorf. Diese Begegnung sollte – ohne daß ich und vielleicht auch er es ahnen konnten – der erste Schritt zur Mitarbeit im Literaturteil der »Frankfurter Allgemeinen Zeitung« sein, deren Literaturressort er 1974 übernahm. Schließlich könnte ich versuchen, die Gefühle der Dankbarkeit zu beschreiben, die mich bewegten, als ich im Dezember 2003 den »Preis der Frankfurter Anthologie« entgegennahm. Noch in seinem ersten Jahr in der Frankfurter Redaktion hatte er diese beispiellose Text- und Kommentarreihe ins Leben gerufen.

Aber ich zögere nicht lange, mich für die gemeinsamen

Tage beim »Ingeborg-Bachmann-Preis« im Juni 1982 zu entscheiden. Es war das erste Mal, daß ich an diesem alljährlich in Klagenfurt stattfindenden Wettbewerb als Jurymitglied teilnahm. Und die Erinnerungen an dieses erste Mal sind die intensivsten geblieben, haben mit der Zeit die Eindrücke späterer Sommer verblassen lassen. Klagenfurt ist in der »Woche der Begegnung« ein literarischer Umschlagplatz. Neben den zur Lesung eingeladenen (damals 28) Autoren und den Jurymitgliedern versammeln sich hier Verleger, Lektoren und Journalisten, die entweder ihre Autoren begleiten und Ausschau halten nach jungen Talenten oder die dem Wettbewerb breitere Öffentlichkeit in Presse- und Rundfunkberichten verschaffen.

Die Lesungen und die anschließenden Diskussionen der Jury fanden damals noch im hinteren Saal des Klagenfurter Stadthauses statt. Den dreiseitigen Tisch der Juroren umgaben auf drei Seiten Zuschauerplätze, die auf Gerüsten so angeordnet waren, daß die Reihen nach hinten anstiegen. So hatte man am Tisch das Gefühl, wie auf der Bühne eines Amphitheaters zu sitzen. Das alles wirkte noch improvisiert, zumal die Kabel der Fernsehkameras auf den Gängen lagen. Im folgenden Jahr wurde die Veranstaltung in den Sendesaal des neuen ORF-Landesstudios Kärnten verlegt. Da war dann alles perfekt, technisch auf dem letzten Stand. Aber in diesem Sendesaal, in seiner sterilen Atmosphäre, wirkte alles frostiger. Es fehlte das Improvisatorische der Veranstaltungen im alten Stadthaus, das dem Unvorhersehbaren der Schlußentscheidung und auch des Verlaufs der Klagenfurter Ingeborg-Bachmann-Tage durchaus entsprach. Daß Überraschungen möglich waren, zeigte sich beim Wettbewerb 1983. Der Schriftsteller Rainald Goetz verwandelte seine Lesung am Schluß in eine »performance«, ein »event«. Er schnitt sich mit einer Rasierklinge die Stirn blutig und bestand trotzdem darauf, weiterzulesen. Als aber die Lesung zur blutigen Moritat zu werden drohte, brach der Moderator sie ab. Das Risiko der auf Sensation zielenden Selbstverletzung war übrigens beim Schriftsteller und Doktor der Medizin Rainald Goetz wohlkalkuliert.

Der Ingeborg-Bachmann-Wettbewerb verdankte seine Form bekanntlich den Anregungen von Marcel Reich-Ranicki, dem Moderator und Sprecher der Jury. Was sich in Klagenfurt in verwandelter Form fortsetzte, war das Verfahren zur Ermittlung des Preisträgers der »Gruppe 47«, für dessen Lebendigkeit Reich-Ranicki mit anderen brillanten Kritikern in der »Gruppe 47« gesorgt hatte. Ein Disput des Autors mit seinen Kritikern war ausgeschlossen, er hätte bei 28 Autoren auch zu uferlosen Debatten geführt. Man hat Hans Werner Richter, dem »Chef« der »Gruppe 47«, eine gewisse autoritäre Kurzangebundenheit nachgesagt. Autorität besaß auch Reich-Ranicki, aber kraft seiner enormen Fähigkeit, immer das Heft in der Hand zu behalten. Ich hatte ihn schon gelegentlich bei öffentlichen Auftritten gesehen, aber was ich jetzt erlebte, überraschte mich doch. Er argumentierte immer ohne Umschweife, antwortete auf Einwände mit Schlagfertigkeit und Witz, spielte seine breite Kenntnis neuerer Literatur und sein phänomenales Gedächtnis aus, formulierte seine Urteile mit jener Zuspitzung und notfalls leichten Überzeichnung, die auch auf dem Theater nötig ist, und sprach nie nur zum Autor oder den Mitspielern der Jury, sondern immer auch zum Publikum hin, hoffte –

wieder wie jeder gute Schauspieler auch – auf Beifall. Er brachte mit traumhafter Sicherheit das Publikum auf seine Seite. Mancher Autor, dessen Text keine Gnade fand, mag sich wie ein Angeklagter im Gerichtssaal gefühlt haben, mancher war froh, »mildernde Umstände« angerechnet zu bekommen, und mancher atmete wie nach einem Freispruch auf und erhob sich vom Sitz neben dem Moderator mit der geheimen Hoffnung auf einen der Preise.

Den Ingeborg-Bachmann-Preis erhielt in diesem Jahr der schweizerische Schriftsteller Jürg Ammann, einen zweiten Preis Brigitte Arens, die aus ihrem Debütroman »Katzengold« las, aber später auf der Literaturbühne rasch in der Versenkung verschwand, eine der seltenen kometenhaften Erscheinungen – selten, weil zumeist auch die eigentlich hoffnungslosen Schriftsteller irgendwie weiterwursteln. Eindringlich in Erinnerung geblieben sind mir die Lesungen der beiden anderen Ausgezeichneten. Einar Schleef, 1976 aus Ost- nach Westberlin gezogen, hatte bereits als Regisseur und als Autor einen Namen. Er las seinen Prosatext »Wittenbergplatz«: Ein Mann ist an eine Frau gekettet, die seine Hörigkeit erbarmungslos ausnutzt und ihn mit immer neuen Liebschaften, immer neuer Untreue demütigt. Schleef – erstaunlich genug für einen Theaterregisseur – hatte einen Sprachfehler, geriet immer wieder ins Stottern. Ein arges Hindernis, sollte man meinen. Aber hier verhalf die stockende Sprechweise der seelischen Marter seines in dumpfe Abhängigkeit Gefallenen zu gesteigertem mimetischen Ausdruck, die Rede wirkte, als sei sie kongenial inszeniert.

Mit Theatererfahrung war auch Ulla Berkéwicz gekommen, als Schauspielerin in München, Hamburg und Berlin;

in Köln hatte ich sie in der Rolle der Thekla im »Wallenstein« gesehen. Sie las einen Ausschnitt aus ihrer Erzählung »Josef stirbt«, die bald darauf im Suhrkamp Verlag erschien und ihr aus gutem Grund ein erfolgreiches Debüt bescherte. Sie trug ihren Text auf faszinierende Weise vor, und es war wohl keiner im Saal, der sich der Eindringlichkeit vollendeter Lesekunst ganz entziehen konnte. Anschaulich wurde die intensivierende Kraft, die bei einer Lesung die Versinnlichung der Sprache besitzt. In einer Literatur-Arena wie der des Ingeborg-Bachmann-Preises ist unser Urteil über einen Text nie so ganz unabhängig von seiner Präsentation.

Die Dominanz des Moderators (und auch Regisseurs) der literarischen Festspiele in Klagenfurt wuchs von Veranstaltung zu Veranstaltung. Er schwang das Szepter wie ein König. Aber im Publikum saßen auch Verschwörer. Nach den »Tagen der Begegnung 1982« zitierte ein Berichterstatter des »Tages-Anzeigers« in Zürich den höhnischen Vorschlag, »den Ingeborg-Bachmann-Preis doch endlich in Reich-Ranicki-Preis umzutaufen«.

Warum nun blieb die Erinnerung an meine erste Teilnahme am Klagenfurter Lesewettbewerb so konstant lebendig? Weil mir immer deutlicher geworden ist, daß sie mich zum Zeugen einer wichtigen Zwischenstation in der Biographie Reich-Ranickis machte. Der Literaturkritiker, der sein Profil vor allem als Mitarbeiter der »Zeit« gewonnen hatte, gründete als Literaturchef der »Frankfurter Allgemeinen Zeitung« ein eigenes literaturkritisches Imperium. (In wichtigen Literaturredaktionen residieren heute frühere Mitarbeiter von ihm.) In Klagenfurt war bei den Veranstaltungen tagelang das Fernsehen dabei. Das erreichte andere Dimensionen als gelegentliches Erscheinen auf dem Bildschirm. Klagenfurt ebnete ihm die Wege, sein literaturkritisches Imperium ins audio-visuelle Medium auszudehnen. Und erst das Fernsehen brachte ihn in die entferntesten Stuben, machte ihn populär. Mit dem legendären »Literarischen Quartett« war Marcel Reich-Ranickis literaturkritisches Imperium endgültig befestigt.

Und nun muß am Ende, weil ein Kreis sich schließt, der Blick noch einmal auf die Matinee der »lit.Cologne« in der Kölner Oper am 20. März dieses Jahres fallen, auf das Gespräch Elke Heidenreichs mit Reich-Ranicki. Denn worauf die literarische Biographie Reich-Ranickis unaufhaltsam zusteuerte, auf das glanzvollste Echo, das je einem Literaturkritiker zuteil geworden ist, hier wurde es symbolisches Ereignis. Die Opernbühne war Schauplatz eines heiteren Rededuells, wie ich es nie zuvor erlebt habe. In der italienischen Stegreifkomödie, der Commedia dell'arte, nannte man die geistreichen Einfälle »concetti« und die schlagfertigen Antworten »battute«. Ja, was hier auf der Bühne Funken schlug, war der immer neue Einschlag solcher concetti und battute. Ein Feuerwerk der Improvisationskunst brannte ab. Und es zündete im Parkett und in den Balkonlogen so viel Bewunderung und Vergnügen, daß immer neue Beifallssalven das Gespräch unterbrachen. Am Schluß überschüttete das Publikum stehend die Turnierhelden mit Applaus. Marcel Reich-Ranicki mußte von Elke Heidenreich wieder auf die Bühne zurückgeholt werden. Die Ovationen wollten nicht enden.

Das Buch
von Jürgen Horbach

Im Februar 1998 traf ich in der Villa Bonn anläßlich der Verleihung des Preises der Frankfurter Anthologie an Peter von Matt zum ersten Mal auf einen der wichtigsten Autoren der Deutschen Verlags-Anstalt, auf Marcel Reich-Ranicki. Bis dahin war ich seit 1971 bloß regelmäßiger Zuhörer seiner Vorträge an der Albert-Ludwigs-Universität in Freiburg gewesen. Ich hatte gerade als verlegerischer Geschäftsführer bei DVA meine Arbeit aufgenommen. Die knappe Vorstellung brachte keinerlei Erkenntnisse, wie sich unsere Zusammenarbeit in Zukunft gestalten würde. Reich-Ranicki fragte, was ich bislang gemacht und wo ich gearbeitet hätte, brummte beifällig, als er hörte, ich käme vom Hanser Verlag, und interessierte sich ansonsten nicht für jemanden, den er nicht kannte und der – auf welche Weise auch immer – von fernen Aufsichtsräten in seine Funktion eingesetzt worden war. Er hatte an diesem Abend ohnehin anderes zu tun.

Zu diesem Zeitpunkt hatte Reich-Ranicki bereits scheinbar alles als Literaturkritiker und Fernsehstar erreicht: Er war so bekannt wie der Bundeskanzler, umstritten und beliebt, im freundschaftlichen oder gegnerischen Austausch mit nahezu allen literarischen und vielen politisch-gesellschaftlichen Personen Deutschlands, international beachtet. Das Gefälle zwischen dem siebenundsiebzigjährigen Altmeister der Inszenierung von Literatur und dem unbekannten vierundvierzigjährigen neuen Verlagschef von DVA hätte nicht größer sein können. Mir wurde an diesem Abend klar, daß sein Vertrauen zu gewinnen nicht einfach werden würde.

Und doch geschah schon bald etwas Unvorhergesehenes. Uwe Wittstock beschreibt das in seiner kürzlich erschienenen Reich-Ranicki-Biographie so: »Eine spürbare Veränderung seiner beruflichen, aber auch privaten Situation brachte 1999 nicht zuletzt die Veröffentlichung seiner Erinnerungen ›Mein Leben‹.«

Kurz nach der Aufnahme meiner Tätigkeit stellte ich fest, daß Reich-Ranicki mit DVA seit 1994 einen Vertrag über eine Autobiographie hatte. Es gab ein Gespräch über den Stand der Arbeit und über einen möglichen Erscheinungstermin. Im Jahre 2000 würde Reich-Ranicki achtzig Jahre alt werden. Wir kamen überein, daß die Autobiographie rechtzeitig vor seinem Geburtstag veröffentlicht werden sollte. Als eine vorbereitende Fingerübung war 1995 von Volker Hage und Mathias Schreiber »Marcel Reich-Ranicki. Ein biographisches Portrait« bei dtv erschienen. Daneben gab es einige ausformulierte Notizen, Rechercheergebnisse des Autors und ein persönliches Verweissystem, mehr offenbar nicht. Reich-Ranicki hatte sich lange gegen ein autobiographisches Buch gesträubt, dann aber, nachdem er den Vertrag mit DVA geschlossen hatte, jedoch längst erkannt, daß der bevorstehende runde Geburtstag der Zeitpunkt war, an welchem die Autobiographie vorliegen mußte. Mag sein, daß die Nachfrage des Verlags sein Nachdenken anregte, jedenfalls kam plötzlich Bewegung in dieses Projekt. Der Verlag bot seine Hilfe an, wurde aber auf Distanz gehalten, und ihm wurde beschieden, daß er, Marcel Reich-Ranicki, keine Hilfe benötige. Das, was er Zeile für Zeile selbst schreibe, solle Jochen Hieber, damals Redakteur im Literaturressort der Frankfurter Allgemeinen Zeitung, redigieren. Die Ausnahmestellung von Reich-Ranicki kann man auch daran ermessen, daß Hieber von der Frankfurter Allgemeinen Zeitung im Jahr 1999 für seine Lektoratsarbeit große Freiräume gewährt wurden. – Geschichten aus einer heute paradiesisch anmutenden Zeit.

Jedes Manuskript muß redigiert werden. Wer mit Texten umgeht, weiß das. Es ist ein großes Verdienst Reich-Ranickis im Umgang mit seinen Verlagen, daß dies für ihn, den ureigenen Schöpfer und Beherrscher aller seiner Texte, eine Selbstverständlichkeit war und ist. Rückblickend sollten wir das im Verlag, in den in dieser Zeit viele neue Mitarbeiter eintraten, erst ein wenig später erkennen und seine überraschend uneitle Art und Professionalität im Umgang mit dem hauseigenen Lektorat bei den Büchern schätzenlernen, die bei DVA auf »Mein Leben« zwischen 1999 und 2005 folgen sollten.

Die Geschichte von »Mein Leben« ist schon oft erzählt worden, auch in mehreren Büchern. Sie ist nicht prototypisch und steckt voller Überraschungen. »Mein Leben« hat die Beziehung zwischen dem Autor und seinen Lesern in einem kaum vorstellbaren Maße intensiviert. Die Beziehungen zwischen dem Kritiker und seinen Kritikern und Freunden wurde auf eine neue Grundlage gestellt. Niemand hat sich dem entziehen können. Marcel Reich-Ranickis Unabhängigkeit, immer schon vorhanden und oft genug von ihm erkämpft, ist seither endgültig unantastbar.

»Mein Leben« hat auch das Verhältnis zwischen ihm und DVA und mir, als Verlagsleiter, beeinflußt. Das Außerordentliche im Fall dieses Buches ist, daß der Kritiker mit seiner Autobiographie, die eine große Erzählung ist, mehr Leser gefunden hat, als alle Kollegen, Schriftsteller, der Verlag und auch er selbst je vorhergesehen hatten. Heute stehen über alle Ausgaben im In- und Ausland etwa eineinhalb Millionen Exemplare in den Regalen der Leser. »Mein Leben« hat zu einer engen Zusammenarbeit zwischen ihm und dem Verlag geführt, wie sie ohne dieses Buch und dessen Erfolg nicht denkbar gewesen wäre in den vergangenen sechs Jahren mit zahllosen Veranstaltungen, Presseterminen, Abstimmungen, Verhandlungen über Lizenzausgaben und neuen Buchplänen. Zu keinem Zeitpunkt ist aber die anfängliche Distanziertheit gewichen, trotz vieler vertrauensvoller Gespräche und gemeinsam und erfolgreich umgesetzter Verabredungen.

Gerne erinnert Reich-Ranicki daran, daß alle Verleger Betrüger seien, denen man nicht trauen könne. Das wiederholte Vorbringen dieses Kalauers hat Methode. Der Verlag und sein Verleger sollen sich in ihrer Beziehung zu ihm niemals sicher fühlen dürfen. Wer im Überschwang gemeinsamer Erlebnisse glaubt, die Entfernung zwischen Reich-Ranicki und ihm habe sich verringert, der sollte sich fragen, ob das tatsächlich der Realität entspricht. Was Marcel Reich-Ranicki wirklich von Verlagen und den dort Tätigen hält, läßt er nur selten erkennen. Kaum ein Verlag bleibt allerdings von seiner Kritik verschont, Verleger auch nicht. Es mag ganz wenige Ausnahmen geben, Siegfried Unseld ist eine davon. Verlage als seelenlose, aber die Seele des Autors verkaufende Marketingmaschinen anzusehen ist ein gängiges Vorurteil, das auch Reich-Ranicki lustvoll einsetzt, wenn es seine Interessen unterstützt. Die dienende Funktion eines Verlages gegenüber seinem Autor hervorzuheben – ein Verlag ist schließlich kein Selbstzweck – ist aus seiner Sicht zu jedem Zeitpunkt berechtigt. Richtig daran ist: Verlage tun alles, was unliterarisch, aber zur Beförderung des Werkes eines Autors vernünftig ist. Je besser ein Verlag tut, was seine Aufgabe ist, nämlich Titel auszuwählen, Bücher herzustellen und diese dann nach seinen Möglichkeiten zu vermarkten, desto argwöhnischer wird er aber von Journalisten und manchmal auch von einem intellektuellen Publikum betrachtet. Literatur und Marketing sind vielen auch im einundzwanzigsten Jahrhundert unversöhnliche Gegensätze.

Nicht so jedoch für den Autor Marcel Reich-Ranicki. Ihm kann ein Verlag niemals genügen in dem, was er für seine Bücher und damit für ihn tut. Sein Kontrollbedürfnis ist dabei sehr ausgeprägt. Es gab Zeiten, als die Verkäufe von »Mein Leben« sich in einem ungeahnten Maße dynamisch entwickelten, da telefonierte er täglich mit mindestens sechs verschiedenen Verlagsmitarbeitern innerhalb eines kurzen Zeitraums. Auch Verlagsmitarbeiter sind nicht unfehlbar, und die Antworten fielen nicht immer widerspruchsfrei aus. Damit wurde ich schließlich am Tagesende kompromißlos konfrontiert, und es bedurfte oft nicht geringer Mühe, Reich-Ranicki davon zu überzeugen, welche Antwort die richtige war und daß er dem Verlag weiterhin vertrauen könne.

»Mein Leben«, ein später Höhepunkt im Leben des Autors und ein Glücksfall für den Verlag. Nicht nur, was die ökonomische Seite betrifft. Ohne die Autobiographie wären meine Besuche in der gastfreundlichen Wohnung der Reich-Ranickis seltener gewesen, ohne dieses Buch hätte sich nicht so rasch eine gute und stetige Zusammenarbeit ergeben. Dies hat zu einigen Büchern geführt, an die vorher nicht gedacht worden war: etwa die von Frank Schirrmacher herausgegebene »Bild-Biographie«, der wunderschöne Band »Meine

Bilder« mit der Sammlung der Literatenportraits, die in der Frankfurter Wohnung der Reich-Ranickis versammelt waren, oder auch die beiden Bücher von Teofila Reich-Ranicki »Dr. Erich Kästners Lyrische Hausapotheke« und »Es war der letzte Augenblick«.

Im Oktober 2003 konnte ich Marcel Reich-Ranicki beobachten, wie er im Jüdischen Museum in Frankfurt anläßlich der Eröffnung der Ausstellung »Meine Bilder« stolz und gleichzeitig gelöst durch die Räume mit den rund achtzig von ihm gesammelten Schriftstellerportraits ging. Er hatte sie nach einer kleinen Ausstellungstournee dem Jüdischen Museum als Geschenk überlassen. Es bereitete ihm offensichtlich keine Mühe, sich von diesen Bildern zu trennen, die dicht gehängt an vielen Wänden ein markanter Teil seiner Wohnung gewesen waren und bei jedem Besucher einen großen Eindruck hinterließen. Dieses Vermächtnis und der Vorlaß an das Deutsche Literaturarchiv in Marbach sind Teil eines Ordnungmachens, das sich auch auf seine Schriften erstreckt. Seit 2000 sind als Ergebnis eines zum Teil gemeinsamen Sichtens neun Bücher erschienen, unter anderem der Redenband »Vom Tag gefordert« und »Unser Grass«, auch als Versöhnungsgeste gemeint, oder zuletzt die erweiterte Neuausgabe von »Thomas Mann und die Seinen«. Alles in allem und zusammen mit seinen früheren literaturkritischen Schriften die Vorzeichnung des Pfades einer bereits vorgedachten Gesamtausgabe, die dereinst erscheinen wird. Marcel Reich-Ranicki ordnet seine Schriften und seinen literarischen Nachlaß und bestimmt Personen, die sich einmal darum kümmern sollen.

»Sie meinen vielleicht, diese Verleger hätten das Bedürfnis, der Nation meine Biographie zugänglich zu machen. Nein, dahinter verbirgt sich das dringende Bedürfnis der Verleger, Geld zu verdienen. Sie bilden sich ein, mein autobiographisches Buch könnte viele Abnehmer finden. Das mag ja sein«, polterte Reich-Ranicki in einem »Spiegel«-Interview 1993. Tatsächlich spielt die Tätigkeit des Geldverdienens in einem Verlag, der selbst nur sehr wenig davon behält, keine untergeordnete Rolle. Doch leben Autor und Verlag letztlich vom gleichen: daß sie Leser und nicht nur Käufer finden für ihre Bücher. Für die schreibt der Autor, und diesen möchte der Verleger jedes einzelne Buch zugänglich machen.

Stockholm, anno 1964
von Walter Jens

Ich denke oft an den Stockholmer Abend: In Sigtuna wird, 48 Stunden später, die Gruppe 47 tagen. Zum ersten Mal bietet mir ein Schriftsteller das Du an. Sein Name: Marcel Reich-Ranicki. Die Art und Weise, in der er mich umarmt, hat mich tief gerührt. Wir fuhren über die Schären, allein nebeneinander. Vor uns, in der Dämmerung, das schwedische Land. In der Nähe stampfende Motorboote. Nahegebracht in Erzählungen die polnische Heimat des Mannes, der von diesem Tag an – neben Wolfgang Hildesheimer – mein nächster Freund werden wird.

Keine Worte fallen über Sigtuna und die Kombattanten der Gruppe 47; aber viele Sätze über Warschau und das Elend des Gestern. »Wenn du willst, hör zu, was einmal über mich verfügt war.« MRR begann – ich lernte. Das war seine Art, von der Peripherie her zu erzählen. »Wundere dich nicht, wenn ich mich in Sigtuna zweimal am Tag rasiere. Im Ghetto habe ich gelernt, das kann lebensrettend sein. Ein Jud ist ein Schmutzfink: zur Hölle mit ihm. Und dann noch eins. Ich habe damals überlebt, indem ich die Sprache der Deutschen imitierte. Kannst du dir vorstellen, wie markant ich redete, ein deutscher Mann, der Goebbels' »Reich« aus der Tasche holt und – wider seine Natur – die Teutonen Mores lehrt: »Wohl verrückt geworden, wie?«

Ja, ich habe Marcel Reich-Ranicki vom ersten Tag unserer Freundschaft an geachtet – staunenswert, mit welcher Methodik er, zusammen mit seinen Gefährten im Ghetto, die Strecke zwischen Warschau und Treblinka auszumessen verstand. Eitelkeit, hat er mir in Stockholm anno 1964, sehr nüchtern und mit großer Herzlichkeit bedeutet, kann das Leben retten. Souveränes Kalkül, in vita et litteris, als Elixier.

Chopin-Etüden und Parsifal
von Joachim Kaiser

Am 17. Januar 1958 geschah etwas für mich Unerwartetes und Besonderes. Da hatte Marcel Reich-Ranicki, er lebte noch in Polen, mir mehrere Bände der großen Chopin-Ausgabe des polnischen Musik-Verlages zugesandt. Und zwar mit der freundlichen, wohl auch wegen der Zollbestimmungen notwendigen Widmung: »Für Herrn Dr. Joachim Kaiser mit besonders herzlichem Gruß«.

Diese großzügige Gabe hatte eine Vorgeschichte. Mitte der fünfziger Jahre berichtete Heinrich Böll von einem aufregenden, jungen polnischen Literatur-Kritiker, der eigentlich aus Berlin stamme und sich nun in Warschau engagiert für die Belange westdeutscher Nachkriegsautoren einsetze. Um diesen jungen Polen sollten wir uns kümmern, er sei wichtig und enorm informiert.

Reich-Ranicki reiste bald (was damals weder leicht noch selbstverständlich war) nach Deutschland. In Frankfurt am Main, wo ich als Hörspiel-Dramaturg arbeitete, besuchte er mich. Wir redeten beide sehr rasch über Literatur, als kennten wir uns schon seit Jahren. Das war wieder einmal, so schien mir, ein hochintelligenter jüdischer und zugleich preußischer Intellektueller, mit dem man sich so unendlich viel leichter verständigen, mit dem man weit unmittelbarer auf einen vergnüglichen fachsimpelnden Ton kommen konnte als mit so vielen Langweilern der damaligen Zeit.

Doch wir sprachen nicht nur über Böll und Andersch und die Bachmann und unsere Passion für Thomas Mann – sondern auch über Musik. Normalerweise geraten Literaten ins Schwafeln, wenn sie sich über Opern oder Symphonien äußern. Er nicht. Als gäbe es keinen »Fall Furtwängler« schwärmte er über dieses Dirigenten Interpretationen in London, die er dort hatte hören dürfen. Er wußte Bescheid. Auch über Beethovens Sonaten. Und, an solche Einzelheiten erinnere ich mich über die Jahrzehnte hin, er fügte hinzu, die einzigen Sonaten-Kompositionen nach Beethoven, die im Range vergleichbar wären, seien wohl doch die beiden großen Sonaten Chopins. Mag sein, daß ich relativierend auf Schubert, Liszt und Brahms hinwies ...

Nur: bei Chopin konnte ich die Bemerkung nicht unterdrücken, daß die große schöne Chopin-Ausgabe, die vom Ministerrat der Polnischen Volksrepublik beschlossen und vom Warschauer Chopin-Institut vorgelegt worden war, in der Bundesrepublik leider völlig unzugänglich sei.

Er versprach, sich in meinem Interesse darum zu kümmern. Solche Zusagen zu vergessen ist üblich und verzeihlich.

Dann aber kam jenes schöne polnische Paket mit zahlreichen Chopin-Bänden und Widmungen. Wann immer ich nun den Etüden begegne, fällt mir Ranickis Generosität ein.

Wenige Monate später übersiedelte er ganz nach Westdeutschland. Natürlich versuchte ich dem (ziemlich mittellosen) Emigranten, Remigranten, ein wenig zu helfen. Beauftragte ihn als Hörspiel-Dramaturg, doch Gutachten über polnische Theater-Stücke zu schreiben, ob und in welcher Weise sie für deutsche Sendungen in Frage kämen.

Der Bedarf war ja groß. Man brauchte allwöchentlich einen mehr oder weniger neuen Text. Das Gutachter-Honorar hingegen war eher kümmerlich. Doch bald wurde Reich-Ranicki erfolgreich in der Bundesrepublik. Hatte eine solche, ohnehin ziemlich hoffnungslose, ineffektive Gutachterei nicht mehr nötig ...

Als er mich, nicht allzulange nach unserer ersten Begegnung, wieder in Frankfurt beehrte, fiel mir natürlich sein wunderbares Chopin-Geschenk ein. Es muß im Juli 1958 gewesen sein, ich war gerade auf den Weg nach Bayreuth und fragte ihn: »Haben Sie Lust, mitzukommen? Morgen fahre ich nach Bayreuth, ›Parsifal‹ und ›Tristan‹.« Jeder normale Mensch hätte verzweifelt zurückgefragt, warum man ihm ein solches gewiß reizvolles Angebot nicht ein wenig früher unterbreitet hätte. 24 Stunden vor der Aufführung sei es leider, leider zu spät.

Wie die meisten musischen Berliner Juden und Großbürger aus den Jahrzehnten zwischen Jahrhundertwende und 1933 ist natürlich auch Ranicki ein kundiger Wagnerianer. Seine prompte Antwort: Ja, er komme gerne mit. Wir fuhren in meinem Wagen hin und redeten, daß die Köpfe dröhnten. Er war ja kaum über Mitte Dreißig, ich noch jünger. Trotzdem siezten wir uns, wie es damals die Konvention gebot.

Parsifal, I. Akt, recht abstrakt aufgeführt. Das folgende, höchst ungewöhnliche Pausengespräch führte dazu, daß ich mich bei jeder späteren Parsifal-Inszenierung unausweichlich an Ranicki erinnern muß. Ranicki war nämlich enorm aufgebracht, schien auch in höchster Sorge um mein Seelenheil. Lässig, fast heiter fragte ich ihn, wie es ihm gefallen habe. Er antwortete keineswegs direkt. Sondern machte mannigfache Umstände. »Lieben Sie Wagner so sehr, daß ich Sie verletze?« wollte er wissen. »Beschädige ich etwas, was Ihnen wichtig ist?« Vergnügt versuchte ich, diese Sorgen meines Begleiters zu zerstreuen. Da brach es dann aus ihm heraus. Der erste Parsifal-Akt, das sei leider die Musik eines impotenten, alten Mannes. »Er kriegt ihn nicht mehr hoch.«

Zumindest war unüberbietbar deutlich geworden, was Ranicki meinte. Ich tröstete ihn verlegen mit den Ereignissen des II. Aktes und der Verwandlungsmusik des III. Aber zum begeisterten Wagnerianer mutierte er doch erst wieder – nach dem »Tristan«.

Reisen mit Reich-Ranicki
von Hellmuth Karasek

Wir haben mit dem und durch das »Quartett« viele schöne »Spielorte« bereist und für unsere literarische Bühne viele besondere Auftrittsorte gehabt. Das Café Winkler in Salzburg, zum Beispiel. Von dort oben hat man einen der schönsten Blicke der Welt, den schon Winckelmann zu den zwei schönsten Panoramablicken rechnete – und da hatte sich bis in die neunziger Jahre nichts geändert.

Auch daß wir in der ehrwürdigen Wiener Hofbibliothek über Literatur streiten durften – es war vor dem schrecklichen Brand –, ist mir unvergeßlich; auch weil es im Winter war und die Temperaturen im Raum nur unwesentlich über dem Gefrierpunkt lagen. Im Rosensaal des Schlosses Schönbrunn krochen Kameramänner robbend über den schönen Boden, um die Uhr zu reparieren, von der Marcel Reich im hitzigen Disput über Handke annahm, sie ginge falsch – also mußten Techniker möglichst unsichtbar wie Infanteristen durch die abendliche Live-Sendung und deren Zuschauerreihen kriechen.

Zum Abschluß lud uns Bundespräsident Rau ins Berliner Schloß Bellevue, wo wir über Goethes »Werther« diskutierten. Nach der Wiedervereinigung waren wir im prunkvoll großbürgerlichen Rathaus der einst stolzen Bürgerfeste, in Weimar im »Elefanten«, dort wo Thomas Manns »Lotte« abgestiegen war. Reisen waren also auch immer literarisch und historisch motiviert – so in der ältesten deutschen Buchhandlung, in Tübingen, bei Osiander zum Jubiläum.

Aber die seltsamste Reise war die nach Finnland. Zwar

nicht zum »Quartett«, aber aus Gründen, die mit dem Quartett zusammenhingen. Denn Anfang der neunziger Jahre bekamen Marcel Reich-Ranicki und ich in gleichlautenden Briefen eine Einladung: Die Schule Stein in Oberbayern, eine höhere Privatschule, bitte uns beide zu einer Diskussion mit den Schülerinnen und Schülern und zu einem Zwiegespräch über deutsche Literatur und Kritik. Das Internat, eine der teuren und angesehensten Privatschulen in Deutschland, in reizvoller Landschaft und in einem historischen Schloß angesiedelt, feierte ein Jubiläum, zu dem sie auch ehemalige Schüler einladen wollten, und Reich und ich waren als Teilnehmer gebeten, natürlich wegen des »Literarischen Quartetts«.

Reich rief mich an oder ich ihn, wir unterhielten uns über die ungewöhnlich großzügige Einladung durch eine Schule: Für uns sollten Hotelzimmer in dem Münchener Hotel »Vier Jahreszeiten« reserviert werden und zu der Vorstellung würden uns ehemalige Schüler mit Limousinen aus München abholen und anschließend wieder zurückfahren. Flugtickets für uns beide nach München würden in Hamburg beziehungsweise in Frankfurt hinterlegt werden, alles war auf das beste vorausgeplant.

Natürlich fühlten wir uns durch die Einladung auch ein wenig gebauchpinselt: eine Schule, die sich von einem spendablen Mäzen, wahrscheinlich einem früheren Schüler, ausgerechnet uns beide mit einem Gespräch über Kritik zu ihrem festlichen Jubiläum schenken lassen wollte.

Wir nahmen die Einladung, die in den Sommer fiel und in unsere Terminkalender paßte, schon allein, weil sie sehr frühzeitig vorausgeplant war, also an, wurden im Münchener Hotel von angenehmen jungen Menschen auf das reizendste empfangen und Richtung Alpen zur Schule Stein gefahren. Der gemeinsame Abend mit den vielen Schülerinnen, Schülern und Lehrern verlief auf das angenehmste, es gab nach der Diskussion einen Empfang in den schönen Räumen der Schule, ein Büfett, kalte Getränke, lebhafte Gespräche, dann wurden Reich und ich nach München zurückgefahren. Das einzig Merkwürdige dabei: Frau Reich wurde in einen anderen Wagen gebeten, weil zu uns ein Redakteur einer Zeitung einstieg, der uns bis Rosenheim begleiten und interviewen sollte. Und er sagte uns, es wäre besser, wenn wir dabei, Reich, er und ich, »unter uns« wären. In Rosenheim stieg er dann aus, und wir fuhren zu dritt weiter, unser netter Chauffeur und wir.

Es war inzwischen stockdunkle Nacht, die Landstraße war leer, der Himmel sternenklar, als wir plötzlich – der Fahrer bremste scharf – in eine wie in bengalisches Licht eingetauchte Nebelwand einfuhren, die auch noch um uns zu kreisen schien. Der Fahrer bremste, murmelte etwas wie »Das gefällt mir nicht«, dann lichtete sich der Nebel, wir sahen merkwürdige Verkehrszeichen mit aufgemalten Elchen, ein Schild »Helsinki 30 km«. »Sag mal«, fragte mich Reich-Ranicki, »gibt es in Bayern ein Helsinki?«

Der Fahrer sagte, er habe Probleme mit dem Wagen, mit dem Motor, er müsse zu einer Tankstelle, und so fuhren wir auf eine zu, die mitten in der Nacht hell erleuchtet war. Drinnen lauter seltsam fremde Menschen, die eine fremde Sprache sprachen, sie verstanden uns nicht, sagten was von Helsinki, bis uns ein Mann, der Deutsch radebrechen konnte, erläuterte, daß wir in Finnland, in der Nähe von Helsinki seien. Wir wollen nach München, sagten wir. Nix München, sagte er, Helsinki.

Es war seltsam, der Fahrer war weg, wir konnten unseren Kaffee nicht mit deutschem Geld bezahlen, auf den Regalen standen finnische Produkte, ja selbst ein Taschenbuchstand war da, auf dem Reich zu seiner Freude Thomas Mann entdeckte. Thomas Mann hier! Auf finnisch!

Zwischendurch murmelte er mir etwas zu, ob ich was von einer finnischen Siedlung in Bayern wüßte. Dann aber war er ganz begeistert, als unser sprachungewandter Dolmetscher (es war, wie sich später herausstellen sollte, der glänzend übertrieben einen Finnen radebrechende Fernsehproduzent Maurice Philipp Remy) ihn zu erkennen schien, mehrmals »Ranickennen! Ranickennen!« rief und eine Zeitung aufpackte, in die ein Hering gewickelt war. Da war fettig glänzend, in einer finnischen Zeitung, ein Bild von Reich-Ranicki gedruckt. Damals stand der weltweite Erfolg von Reichs Autobiographie noch bevor. Und so schlug Reich vor Freude mit der Hand auf den Tisch, während es draußen immer merkwürdiger wurde. Mitten im Sommer fuhr ein Elchschlitten vor, ein finnisches Polizeiauto, finnische Polizisten. Schließlich ein Auto aus den Zwanzigern mit einem Paar wie aus einem alten Film, aus der Ragtime-Zeit des »Großen Gatsby«.

Wir waren mit unserer Reise nach Stein der ZDF-Sendung »Verstehen Sie Spaß?« auf den Leim gegangen und wurden auf einmal mit lautem Hallo! aufgeklärt.

Hatte Reich geglaubt, in Finnland zu sein? Ich glaube nicht. Aber daß er es gerne geglaubt hätte, als er sein Bild groß in der finnischen Zeitung sah, das glaube ich auch.

Begegnung in einer Hexenküche
von Ruth Klüger

Meine erste Begegnung mit MRR war flüchtig, es war in den späten sechziger Jahren, er erinnert sich nicht an sie, ich schon. Das ist kein Wunder, denn wir sprachen nur ein paar Minuten miteinander, während ich ihm viel länger zuhörte. Er hielt nämlich einen Vortrag in Cleveland, wo ich meine Karriere als Assistant Professor in der Germanistischen Abteilung begonnen hatte. Man lud ihn zu einem Essen in einem piekfeinen Restaurant ein, wohin wir Fußvolk auf eigene Kosten zum Mitessen kommen durften. Mir war das zu luxuriös, ich hatte zwei Kinder zu versorgen und ein Anfängergehalt, aber nachher tat es mir doch leid, daß ich mit dem Geld für die teuren escargots gekargt hatte. Denn in dem kurzen Gespräch vor seinem Vortrag fragten wir einander, wie wir den Krieg überlebt hatten, und seine präzise, fast trockene, leicht humorvolle, und doch mit allem Elend jener Jahre aufgeladene Beschreibung der Umstände, die ihn gerettet hatten, hinterließen das Gefühl, man könne mit diesem Mann noch über vieles reden, ohne zu ermüden, vielleicht auch ohne ihn zu ermüden.

Dann war jahrzehntelang Funkstille. Er wurde Deutschlands berühmtester Kritiker, und ich schrieb schließlich eine Autobiographie, die MRR im Literarischen Quartett über den grünen Klee lobte. Er verhalf dem Buch dadurch zu einem kritischen Erfolg und zu Verkaufszahlen, von denen mein junger unerfahrener Verleger und ich uns nicht hätten träumen lassen. Es gab zwar damals auch Neider, die über Autorin und Kritiker hämisch bemerkten: »Kunststück! Die

Mit Ruth Klüger und Hellmuth Karasek im »Literarischen Quartett«, 1993

zwei haben ja dasselbe Gesangbuch.« Aber so einfach ist das nicht. Man kennt ja genügend andere Überlebende der Shoah, bei denen die Gemeinsamkeiten zu keiner Begegnung führen.

Und hier ist die Gemeinsamkeit gar nicht so groß, es sind zwei ganz verschiedene Lebensläufe, die sich in einer Gegenwart begegnen, in der die Vergangenheit eine Wellenlänge entstehen läßt, auf der man kommunizieren kann; und das sieht dann allerdings zum Verwechseln einer Begegnung ähnlich, die auf vertrackte Weise immer stattfindet, wenn ich mit MRR spreche. Oder so kommt es mir vor.

Denn seither habe ich ihn oft gesehen, über alles unter der Sonne mit ihm geredet, ihn gelegentlich verärgert, er mich auch, und irgendwie ist es immer dieselbe Begegnung, nämlich eine, die im eigentlichen Sinne nie stattgefunden hat. Das hat wohl auch mit unser beider Sucht, deutsche Bücher zu lesen, zu tun. Ich sage »Sucht«, denn so selbstverständlich ist es ja nicht, und doch langweilt es mich – und ich glaube, ihn auch – eine Rechtfertigung für diese Obsession zu finden. Zugegeben, man könnte sich auf andere Sprachen konzentrieren, man kann ja andere Sprachen, recht gut sogar, warum muß es partout das Deutsche sein, mit seinem Nazigift, das sich nur langsam verflüchtigt hat? Aber im Gespräch greifen wir dieses langweilige Warum nicht auf, die Frage köchelt nur langsam vor sich hin, auf einer hinteren Herdplatte, auf die wir gelegentlich mißtrauisch hinschielen.

Diese Küchenmetaphorik könnte ihm wohl als eine feministische Zumutung mißfallen. Darauf lasse ich es ankommen. Es gibt ja die verschiedensten Küchen, zum Beispiel eine berühmte Hexenküche, wo einst erfolgreich Verjüngung gebraut wurde. Das wäre doch ein günstiger Begegnungsort am Geburtstag, oder?

Unvermittelt
von Salomon Korn

Samstag, 2. November 2002: Auf dem Frankfurter Hauptfriedhof findet in der Trauerhalle die Gedenkfeier für Siegfried Unseld statt. Zwei Sitze trennen mich von Marcel und Tosia Reich-Ranicki. Während Adolf Muschg in seiner Gedenkrede auf Endlichkeit und Vergänglichkeit, auf Leben und Tod zu sprechen kommt, legt Marcel, wie um Tosia vor der Wucht der Worte zu schützen, seine linke Hand behutsam in ihre Hände und streicht mit der anderen Hand zärtlich über ihren Handrücken, worauf sie, ohne ihn anzusehen, seine Hand zu streicheln beginnt: ein unvermitteltes Bild tiefer Zuneigung – über die Sprache der Hände spürbar vermittelt: aufkeimende Ahnung von der Endlichkeit des gemeinsamen Lebens, im Angesicht des Todes Dankbarkeit für die Gegenwart des anderen, schicksalhafte Seelenverwandtschaft, stumme Vertrautheit, Liebe.

New York
von Michael Krüger

Im März 1988, ein Jahr vor dem Fall des Eisernen Vorhangs, fuhren Marcel und Tosia Reich-Ranicki zusammen mit Rachel, Stephan und mir nach New York, um den achtzigsten Jahrestag der ersten literarischen Veröffentlichung Kafkas, »Betrachtung«, in der von Franz Blei herausgegebenen Zeitschrift *Hyperion* zu feiern.

Blei, schon ziemlich klapprig, aber geistig und rhetorisch in Hochform, erzählte nicht ohne Eitelkeit, daß nach der Veröffentlichung der schmeichelhafte Verdacht geäußert wurde, er selber habe unter dem Pseudonym Franz Kafka die acht kurzen Stücke geschrieben, was er, Blei, aber sofort zurückgewiesen habe: »Kafka«, habe er gesagt, »ist nicht Walser sondern wirklich ein junger Mann in Prag, der so heißt.« Wir saßen in der Küche von Kafkas kleiner Wohnung in der 23. Straße auf der West-Side, die ihm Philip Roth besorgt hatte, und tranken sechs Flaschen Perrier. Wie immer, wenn Literaten zusammensitzen, wurde auch von Verlagen, Vorschüssen und Auflagen geredet, und auf Drängen Marcels sollte der außerordentlich scheue, von Gicht geplagte und trotzdem irgendwie aufgedrehte Kafka sagen, welche Auflage weltweit seine »Betrachtung« erreicht habe. Während Kafka einen Bleistiftstummel aus der Hemdtasche angelte und auf einer Papierserviette ellenlange Zahlenreihen notierte, rauchten Tosia und ich jeder sechs Zigaretten, was wiederum Philip Roth veranlaßte, demonstrativ die Fenster aufzureißen. In den Lärm, der daraufhin die kleine Küche überflutete, flüsterte Kafka so etwas wie: »Einskommadrei Millionen und ein paar Gequetschte. Raubdrucke nicht eingerechnet.« Marcel war sprachlos.

Im Taxi zum Hotel, ich saß vorne neben dem zur Freude von Tosia ununterbrochen qualmenden russischen Fahrer, die Reich-Ranickis, Rachel und Stephan hinten, rief Marcel plötzlich: »Herr Krüger, glauben Sie als Fachmann, daß er mit diesen kleinen Sachen wirklich eine so hohe Auflage verkauft hat?« Im Rückspiegel konnte ich sehen, wie in seinem Kopf sich die Idee zu einem Buch bildete, mit dem er diese Auflage überbieten wollte. Meine Antwort war, um ihn ein wenig zu verblüffen: »Ach, wissen Sie, so wie ich Kafka kenne, hat er aus Scham mächtig untertrieben.« Marcel schwieg bis zur Ankunft im Hotel.

Am nächsten Tag erschien er nicht zum Frühstück. Laut Auskunft von Tosia, mit der ich feierlich die erste Zigarette des Tages rauchte, wollte er im Zimmer bleiben und an seinem neuen Buch arbeiten. Wir sind dann noch einmal zu Kafka gefahren, um uns letzte Klarheit zu verschaffen. Er hat aber nicht geöffnet. Der Doorman sagte nur: »So ist er eben! Man kriegt ihn nicht zu fassen. Gib's auf!«

Mit Gefühl, fast ohne Ironie
von Hermann Kurzke

»Sie sind ein Germanist, also ein Feigling!« Das war der erste Satz, den ich von MRR hörte. Dabei kannte er mich gar nicht. Vermutlich wollte er mich erziehen. Ich hatte damals, es war 1983, eine Proberezension geschrieben, über eine Neuausgabe von Thomas Manns Joseph-Romanen, und hatte die Nachworte, die Albert von Schirnding verfaßt hatte, abwägend als teils gelungen, teils ein wenig matt vorgestellt. Das Telefon klingelte, abrupt, unabgefedert von Höflichkeiten, empfing ich die oben zitierte Dusche. Aber ich erhielt auch eine Chance. Binnen einer halben Stunde sollte ich den Text umschreiben, mit dem Ziel, das behutsame Wiegelwagel in ein klares Urteil zu verwandeln. Eure Rede sei: Ja, ja, nein, nein.

Er gab sich brandeilig, als müsse der Artikel noch heute in den Satz. Ich ließ es mir gesagt sein und ergänzte die Feststellung, Schirndings Nachworte seien philologisch makellos, um den Zusatz: »Aber sie gähnen manchmal heimlich. Sie öffnen keine neuen Zugänge, sind pflichtbewußte Pflege eines Klassikers.« Ich hatte Herzklopfen ob meiner Frechheit, hatte aber auch Lust auf den Kampf, wollte mich bewähren und lieferte schon nach zwanzig Minuten das Verlangte, Monika Kunz die neuen Sätze durchs Telefon diktierend.

Die Rezension erschien dann erst Wochen später, aber weitere ergaben sich in rascher Folge, und von 1985 an schrieb ich zwölf Jahre lang vierzehntäglich den Artikel »Aus deutschen Zeitschriften«. Nur noch wenige Male erhielt ich korrigierende Hinweise. MRR schränkte mich nicht ein, sondern gab Raum und Freiheit. Anders als in der Universitätsgermanistik der achtziger Jahre, unter der ich litt, waren bei ihm Deutlichkeit, Freimut und Unabhängigkeit erwünscht.

Marcel Reich-Ranicki war immer eine Vaterfigur für mich und ist das bis heute geblieben. Er erwies mir, nachdem er mich einmal akzeptiert hatte, unbeirrbare Treue. Er half mir und gab mir Schutz, wenn es nötig war. Während meine akademische Disziplin mich aus verschiedenen wenig ehrenhaften Gründen viele Jahre lang schnitt, hatte er die Souveränität und die Menschenkenntnis, mir zu vertrauen. Als er mich mit jener Proberezension beauftragte, war ich ein namenloser Anfänger, der noch nie eine Zeile für eine große Zeitung geschrieben hatte.

Trotz langjähriger ungetrübter Zuneigung kann ich eine gewisse Befangenheit nicht überwinden. Nicht der Vaterstatus allein macht ihn mir ehrwürdig, sondern sein völlig außergewöhnliches, aus allen Maßen fallendes Leben. Seine Autobiographie hat mich tief ergriffen. Er erschien mir, bei allem Rummel um seine Person, als ein großer Einsamer. Nach dem Leserausch dieses Buches konnte ich die Aura um ihn herum erst recht nicht mehr durchstoßen. Eine Art Ehrfurchtsverstummung bannte mich, als wäre er ein Wesen aus einer anderen Welt, als hätte man als gewöhnlicher Bundesrepublikaner gar kein Recht darauf, mit seinem kleinen Schicksal neben einem so großen überhaupt wahrgenommen zu werden. Was natürlich Unsinn ist – aber Unsinn mit starker Wirkung. Selbst wenn er ein »Freund, rücke weiter herauf!« spräche, würde ich mich am unteren Ende seiner Tafel besser und richtiger aufgehoben fühlen.

Start im Sturm
von Siegfried Lenz

Oft bin ich Marcel Reich-Ranicki begegnet; wir trafen uns in unseren vier Wänden, in verschiedenen Festsälen, in der Eisenbahn und auch in einem städtischen Schwimmbad, das wir einst regelmäßig besuchten und in dem er mir seine respektable Schwimmkunst bewies. Doch so oft wir auch einander begegneten: eine Begegnung gibt mir noch nach vierzig Jahren zu denken.

Wir waren auf dem Hamburger Flughafen verabredet, wir wollten nach Berlin, wo wir gemeinsam an einer Diskussion teilnehmen sollten. Es herrschte Sturm.

Als der Flug aufgerufen wurde, erschien endlich auch Marcel, gelassen, wie einer, der weiß, daß ohne ihn kein Flugzeug zu starten wagt. Daß er mehrere Zeitungen unter den Arm geklemmt hatte, wunderte mich – der Flug nach Berlin war und ist ja nur kurz. Er überließ mir den Fensterplatz und fing sofort an zu lesen. Ich kam nicht von den Wirkungen des Sturms los, der Leichtes – eine Plastiktüte zum Beispiel – über das Rollfeld trieb und in die Höhe warf und die Tragflächen erkennbar zittern ließ.

Marcel las. Beim Anblick von Leuten, die sich draußen nur mühsam gegen den Wind bewegten, mußte ich den Gefährten einfach auf die Wetterbedingungen aufmerksam machen, und sagte: Schau dir das an, Marcel, draußen herrscht Sturm! Darauf entgegnete er mit Verzögerung: Bitte, stör mich nicht, für eine Weile zumindest. Neugierig darauf, was seine Interesselosigkeit begründen könnte, beugte ich mich zu ihm hinüber. Er las Kritiken über eine Parsifal-Aufführrung, die er selbst besucht hatte. Ein Zischgeräusch, ein knappes Kopfschütteln, ein plötzliches Straffen des Oberkörpers signalisierten Skepsis oder Zustimmung – Reaktionen eines zutiefst beteiligten Lesers.

Wir rollen zum Start. Der Aufforderung der Stewardeß, den Sicherheitsgurt anzulegen, folgte er nur achselzuckend. Vollgas: Die Maschine vibrierte. Er quittierte alles mit souveräner Achtlosigkeit und verzichtete abermals auf einen Blick durchs Fenster. Ich konnte nicht anders, ich mußte es als Herausforderung ansehen, und ich stieß ihn gereizt an und sagte: Es herrscht Sturm. Falls du es immer noch nicht mitbekommen hast: Es herrscht Sturm, wir starten im Sturm! Er schaute mich erstaunt an, es war, ich zweifle nicht, ein treuherziges Staunen, und nach kurzem Bedenken fand er zu der Entgegnung: Auch wenn du es nicht glaubst, der Sturm, der Sturm geht vorüber, Wagner aber bleibt.

Später, über den Wolken, wo die Freiheit nach einem Schlager grenzenlos sein soll, überflog er noch einmal die Kritiken, verglich, stimmte sich ab, und ich sah ihn mehrmals lächeln.

Es war das Lächeln eines Gewinners.

Wolke des Humors
von Helmuth Lohner

Alle Begegnungen mit MRR und seiner Frau, die mir besonders am Herzen liegt, waren ja leider immer nur sehr kurz, sei es in Hamburg, Altaussee, Wien oder Frankfurt.

Ich glaube, daß die verschiedenen Gegenden so überhaupt keinen Einfluß auf sein Denken und seine Gefühle hatten. Vielleicht war ein Abend im Salzburger Lokal »Krimpelstätter« etwas weniger nachdenklich als ein Kaffeenachmittag in der Frankfurter Gustav-Freytag-Straße. Ich habe immer die Spontaneität seiner Gefühle und seiner Äußerungen bewundert, die spontanen Übergänge von herzlichem Lachen in den Zorn, vom Zorn in eine resignative Traurigkeit – und wieder zurück zum Lachen.

Eine ausgeprägte Bitterkeit konnte ich nie wahrnehmen, denn über all diesen Gefühlsäußerungen lag eine unglaublich schöne Wolke des Humors. Es schien mir, als würden seine Augen bei keinem Satz, den er sagte, den Glanz verlieren; das heißt also: die Lebendigkeit seiner Gedanken war für mich immer das Ausschlaggebende, und ich muß gestehen, daß ich, seit ich ihn kennenlernen durfte, einen gewissen Vaterkomplex mit mir herumtrage.

Leicht entflammbar
von Felicitas von Lovenberg

Wer sich in Oxford zum Studium bewirbt, muß nicht nur schriftliche Prüfungen bestehen, sondern sich den Dons auch im Gespräch stellen. Diese Interviews sind vollkommen unvorhersehbar und für den Bewerber nicht selten verstörend. In einer berühmt gewordenen Anekdote betritt der nervöse Kandidat das Büro, in welchem der Professor zeitunglesend hinter seinem Schreibtisch sitzt. Der Student grüßt höflich, erhält jedoch keine Antwort. Unsicher wartet er darauf, daß der Professor das Blatt sinken und sich ihm zuwendet möge. *Sir?* Keine Reaktion. Nach einem langen Schweigen, das nur von gelegentlichem Zeitungsrascheln des Dons unterbrochen wird, erklingt hinter den Seiten eine Stimme. *Surprise me.* Überraschen Sie mich? Der Student zögert – und setzt mit einem Feuerzeug die Zeitung in Brand.

So ähnlich wie dieser Student fühle ich mich, wenn das Telefon klingelt und Marcel Reich-Ranickis freundlich grollende Stimme ertönt: »Liebe«, sagt er dann meistens, »gibt's was Neues?« Ich reagiere prompt. Hastig greife ich nach den Blättern auf meinem Schreibtisch, klicke mich durch die Nachrichtenagenturen und krame in meinem Hirn nach einer zündenden Antwort – vergebens. Sitzengeblieben. Aus. Bis mir etwas eingefallen ist, hat er längst aufgelegt. Bei jedem Treffen und jedem Gespräch mit Marcel Reich-Ranicki plagt mich nur eine Sorge: daß ich ihn langweilen könnte. Er langweilt sich schnell. Am Anfang versuchte ich den Neuigkeitsmangel durch Konversation zu überspielen, aber die Stimme am anderen Ende machte dem immer rasch ein resolutes Ende: »Es gibt also nichts Neues. Schön. Auf bald. Adieu.« Inzwischen gehe ich in die Offensive, sage gleich, daß es nichts Interessantes zu berichten gibt. Die Folgen muß ich auch jetzt tragen: Unsere Telefonate dauern nur selten länger als eine Minute. Wenn ich doch einmal glaube, eine Neuigkeit für ihn zu haben, hat er sie längst gehört. Es ist sehr schwierig, Marcel Reich-Ranicki in Erstaunen zu versetzen.

Umgekehrt gilt das nicht. Er überrascht. Nicht durch seine telegenial einsetzbaren, allseits bekannten imponierenden Kritikereigenschaften wie enormes Wissen, Urteilsfreude, Schlagfertigkeit und Temperament. Er überrascht mit seiner Disziplin, die so viel mehr ist als reine Professionalität und für die seine ungebrochene Produktivität und seine stets tadellose Erscheinung nur zwei sichtbare Beispiele sind. Er überrascht durch seine Fairneß, das immer neue Bemühen um Unvoreingenommenheit bis zum Beweis des Gegenteils. Er überrascht durch seine Ausdauer. Als ich ihm zum ersten Mal begegnete, kam er seiner Bitte, ihn doch »wenigstens einmal« ausreden zu lassen, den ganzen Abend über unverdrossen und sehr vergnügt nach. Ein anderes Mal hatte er sich über mich geärgert, weil ich einen Fehler in der »Frankfurter Anthologie« übersehen hatte. Ich wurde in sein Büro bestellt und begutachtet, als träfen wir uns zum ersten Mal. Dann hielt er mir eine Standpauke, die ich zu diesem Zeitpunkt bereits völlig angemessen fand. Nur als er gegen Ende aufgebracht seufzte und brummte, man sei doch wahrhaftig von »Schlappschwänzen« umgeben, wagte ich ein zaghaftes Widerwort. Er unterbrach seine Tirade und sah verblüfft auf: »Was heißt hier: Sie nicht?« Dann mußten wir beide lachen. Er lacht gern, und man lacht gern mit ihm.

Er überrascht durch seine Liebenswürdigkeit. In einem Berufsstand, dem Überheblichkeit nicht ganz fremd ist, pflegt Marcel Reich-Ranicki einen persönlichen Umgang, der jeden gelten läßt – falls er sich nicht gerade als Dummkopf, Nichtsnutz oder Langweiler herausgestellt hat. Bei aller immer auch lustvoll-selbstironischen Polterei ist er aufmerksam nicht nur für sich selbst. An der Nasenspitze sieht er Menschen an, wie es ihnen geht. Er übt Kritik, aber lieber noch ermutigt er und lobt. Er macht Aufhebens von seinem Urteil – das gehört zum Beruf –, doch niemals von seinen Empfindungen. Larmoyanz ist ihm fremd. Wenn er etwa über seine Jugend im »Dritten Reich« und seine Erfahrungen im Warschauer Ghetto spricht oder schreibt, so niemals, um zu klagen oder gar anzuklagen, sondern um die Kraft der Musik und der Literatur ansteckend zu beschwören. Sich selbst so zurücknehmend, überrascht er durch seine Bescheidenheit.

Am meisten jedoch überrascht dieser Aufbrausende, der sich erstaunlich gern besänftigen läßt, durch seine Zartheit. Erhascht man allerdings einmal zufällig den Blick, den seine Frau Teofila und er sich zuwerfen, wenn Auftritte, Feiern oder Veranstaltungen dem Ende entgegengehen, überrascht sie einen nicht mehr. Dann ahnt man plötzlich, welch widrigen Umständen die kostbarsten Momente abgetrotzt sind. In Gegenwart dieser unverbraucht jugendlichen Vitalität, dieser konzentrierten Lebendigkeit, die alle Kraft dem Augenblick widmet, ist der Oxforder Student vergessen. Es genügt, gelegentlich erleben zu dürfen, daß Marcel Reich-Ranickis Zeitung noch immer leicht entflammbar ist.

An der Arbeit
von Peter von Matt

Am spannendsten ist Marcel Reich-Ranicki in der Arbeitssituation. Kurzweilig, anregend, witzig und im besten Sinne belehrend ist er zwar auch beim gemeinsamen Spazieren durch die Parkanlagen von Bad Homburg oder Bad Ragaz, auf dem Felsenweg am Bürgenstock oder in der Zürcher Kronenhalle. Aber es ist die Stunde der Produktion, das Hier und Jetzt einer Arbeit, was ihn aus seinen Rollen schält und ungeschützt zeigt, ungeschützt und zugleich in der Verfügungsmacht über den Kontinent seiner Erinnerungen. In der behaglichen Tischrunde neigen wir alle dazu, immer etwa wieder mit den gleichen Geschichten aufzurücken – bis uns die Tochter schmerzlich anschaut und sagt: »Das hast du schon so oft erzählt!« Auch von Marcel Reich-Ranicki habe ich vieles mehrfach gehört, und weil er erzählen kann und in seinen berühmten Tonlagen dabei auf- und absteigt, als flöge er über grüne Hügel, war es stets ein Vergnügen. In der Arbeitssituation aber, die ihm alle Konzentration abverlangt, ist er mir jedesmal neu und anders erschienen. Dann merkte man, daß seine Erscheinung in der Öffentlichkeit, die viele für das Ganze halten, nur die Hülle dessen ist, was ihn eigentlich ausmacht: die unablässige Tätigkeit, das strenge Pensum Tag für Tag.

Man muß ihn nicht nur *im* Literarischen Quartett erlebt haben, sondern auch vorher, in den Vorgesprächen und in der letzten Viertelstunde vor dem Auftritt. Da war er nicht der Showmaster, der mit dem Publikum spielt und ihm die Pointen, auf die es lauert, bald hinwirft und bald vorenthält.

Da war er still, vibrierend vor Aufmerksamkeit, um jedes technische Detail besorgt. Ich habe nie erlebt, daß er das Urteil über ein Buch im voraus zu steuern suchte. Seine eigene Meinung, die dann im Scheinwerferlicht magna cum clamore an die Öffentlichkeit trat, hielt er vorsichtig zurück, und er versuchte auch nie, die Meinung der andern zu erhorchen. Das war nicht Höflichkeit, es war Professionalität. Er wußte, daß ein Spiel faul wird, wenn jeder die Karten des andern kennt, und daß man das faule Spiel mit keiner Schauspielerei überdecken kann.

Dieser nie gebrochene Arbeitswille, verbunden mit der gnadenlosen Ablehnung aller Schlamperei, Professionalität also im höchsten Sinn des Wortes, macht für mich den Sockel seiner Existenz aus – mehr noch als seine legendäre Liebe zur Literatur. Lieben kann jeder; beim Arbeiten kommt noch etwas hinzu.

Daß er kein Freund der Germanisten ist, hat sich herumgesprochen. Wirklich gestört aber hat ihn weniger der Fünfjahresjargon, der diese Wissenschaft auf heiter-folkloristische Weise prägt, als die Beobachtung, daß der hochgestochene akademische Gestus zusammengehen kann mit philologischem Pfusch. Wenn einer raunend ein Gedicht besprach und nicht merkte, daß auf der folgenden Seite noch eine weitere Strophe stand, dann ging er in den Anekdotenschatz Reich-Ranickis ein, wie andere in die Hölle fahren.

In den achtziger Jahren habe ich mit ihm auf Aufforderung des Verlegers Egon Ammann einige lange Gespräche geführt. Das geschah in der Frankfurter Wohnung in der Gustav-Freytag-Straße. Ammann saß mit dem Tonband daneben; im Hintergrund, kettenrauchend, Frau Tosia. Sie hörte lautlos zu, und wenn ihrem Mann ein Name, ein Titel nicht gleich auf die Zunge kam, warf sie das Wort leise, aber blitzschnell in den Raum. Aus den Gesprächen wurde dann das Buch »Der doppelte Boden«.

Hier konnte ich ihn länger und genauer in der Arbeitssituation studieren als sonst je. Und hier erlebte ich, wie die Erinnerungen, das literarische Wissen und das geprüfte Urteil aus der Tiefe seiner Leserseele und einer langen Vergangenheit aufstiegen, nicht vorformuliert, sondern im gelebten Augenblick zur Sprache findend. Ich hatte meine Fragen sorgfältig vorbereitet. Ich wollte ihn zwischen, hinter, neben seinen bekannten und oft verhandelten Glaubenssätzen fassen. Ich wußte nicht, was kommen würde, wenn man ihn auf Dinge ansprach, zu denen er sich noch nie geäußert hatte. Würde er ins Leere geraten? Würde er ausweichen und die Rede in gewohnte Bahnen zurückzwingen? Nichts dergleichen geschah. Gesammelt saß er da, vibrierend vor Aufmerksamkeit, und auf eine fast mirakulöse Weise rückten längst vergangene Ereignisse und Erfahrungen randscharf ans Licht. Er stutzte wohl kurz bei unerwarteten Fragen, dann kam die Antwort, klar und entschieden, in der Gleichzeitigkeit von Denken und Formulieren. Es war keine Plauderei, kein Hin- und Herschweifen im Bewußtsein, daß alles ohnehin noch redigiert werden würde. Er arbeitete bereits an der Gestalt des Buches. Was er hier erstmals sagte, war so unzweideutig wie seine bekannten literarischen und ästhetischen Leitsätze. Das Staunen über die Reserven an Wissen und Erinnerung, über die Kraft der Wiederbelebung früher Erfahrungen, über das Fortdauern von Begeisterung und Abscheu, die den Heranwachsenden in den späten zwanziger, den frühen dreißiger Jahren bewegt hatten, dieses Staunen habe ich nie mehr ganz verloren. Wenn ich später mit ihm ins Gespräch kam, in den Parkanlagen von Bad Homburg oder auf dem Felsenweg am Bürgenstock, versuchte ich daher stets, ihn auf Ereignisse und Autoren anzusprechen, zu denen ich von ihm noch nie ein Wort gehört hatte. Und regelmäßig empfand ich dann beim Abschied das vergnügte Gefühl, das ein erfolgreicher Taschendieb haben muß.

In Deutschland leben
von Klara Obermüller

Es traf sich alles an diesem 31. Oktober 1985, als in den Frankfurter Kammerspielen Rainer Werner Fassbinders Stück »Der Müll, die Stadt und der Tod« aufgeführt werden sollte: Demonstranten gegen das Stück *vor* dem Theater, Kritiker, Schauspieler und Vertreter der jüdischen Gemeinde *im* Theater. Ja, und ein paar Besucher waren auch noch da. Die meisten waren gekommen, um einem Skandal beizuwohnen, einige wenige im Bestreben, es nicht dazu kommen zu lassen.

Die Geschichte ist bekannt. Es ist ein Buch dazu erschienen. Die Bilder sind in die Erinnerung eingegangen: Knapp zwei Dutzend Männer und Frauen, unter ihnen Ignatz Bubis und Michel Friedmann, halten die Bühne besetzt und versuchen durch ihren Protest die Aufführung des seit Jahren umstrittenen Stücks zu verhindern. Von den Szenen, die sich an diesem Abend im Zuschauerraum des Theaters abspielten, gibt es keine Bilder, nur Berichte von Besuchern, die dabeigewesen waren. Die Wogen gingen hoch damals. Es war von Antisemitismus die Rede und von Freiheit der Kunst. Es wurde Versöhnung eingefordert und Normalität postuliert. Das Wort vom »Ende der Schonzeit« machte die Runde. Und es fiel der Satz: »So hört doch endlich auf mit eurem ewigen Auschwitz!« Er kam von einer Frau und blieb unwidersprochen.

Unter den Zuschauern befand sich auch Marcel Reich-Ranicki. Entgegen seiner sonstigen Debattierfreudigkeit saß er den ganzen Abend hindurch stumm da und verfolgte

Mit Klara Obermüller, 2000

das Geschehen, ohne sich einzumischen. Auch ich meldete mich nicht zu Wort, obwohl ich klar gegen eine Aufführung des Stücks war. Aus Feigheit? Oder weil ich mich als Schweizerin nicht in deutsche Angelegenheiten mischen wollte? An das Gefühl, aufstehen und mich mit den Demonstranten auf der Bühne solidarisieren zu müssen, kann ich mich bis heute erinnern; an das Gefühl der Scham, daß ich es unterlassen hatte, auch.

Als Intendant Günther Rühle und Kulturdezernent Hilmar Hoffmann gegen halb elf das Zeichen zum Aufbruch gaben, wollte es der Zufall, daß ich mit Reich-Ranicki und Bubis zusammen das Theater verließ. Das erste, was wir sahen, waren Demonstranten, die Transparente hochhielten. Ob für oder gegen die Aufführung, war von weitem nicht zu erkennen. Da war nur die Menge, die sich vor dem Ausgang staute. Bei einer flüchtigen Wendung des Kopfes sah ich die jähe Panik, die in Bubis' Augen aufblitzte, und ich spürte, wie Reich-Ranickis Körper sich neben mir verspannte. Juden hatten wieder Angst in Deutschland.

Ob es das Entsetzen über diese Szene war oder die Anspannung des Abends, die sich löste, ich weiß es nicht. Jedenfalls fing ich plötzlich an zu weinen. Marcel sah es, legte die Arme um mich und drückte mich eine ganze Weile stumm an sich. Als ich mich wieder gefangen hatte, brach es aus mir heraus: »Wie kannst du nur in einem solchen Land leben?« Reich-Ranicki schaute mich müde lächelnd an und sagte: »Und wo sollte ich sonst leben? Ich hatte doch gar keine andere Wahl.« Österreich wäre nicht besser gewesen, ich weiß, und die Schweiz hätte ihn gar nicht erst aufgenommen. Also blieb nur die Bundesrepublik, die kraft des Gesetzes verpflichtet war, dem polnischen Emigranten, der noch 1938 in Berlin Abitur gemacht hatte, Wohnsitz und Paß zu gewähren.

In diesem Augenblick begriff ich, was es für Marcel Reich-Ranicki bedeuten mußte, in Deutschland zu leben: heiß umschwärmter Medienstar für die einen, für die andern der verhaßte Kritiker, dem man schon mal unterstellen darf, er profitiere vom Judenbonus. Oder er sei in seiner Kritik nur deshalb so »gnadenlos«, weil ihn das Grauen des Warschauer Gettos gezeichnet habe.

Wer Reich-Ranicki nicht kennt, könnte meinen, die Angriffe ließen ihn kalt. Tun sie aber nicht. Er hält seine empfindsame Seite nur besser versteckt als andere. Daß der »Meister der Verrisse« auch sehr mitfühlend sein kann, erlebte ich, als er mich eines Tages – es muß 1980 gewesen sein – anrief und fragte, wie ich es mit Hermann Burger hielte. Ich sagte, daß ich ihn sehr schätzte, und wollte wissen, was die Frage zu bedeuten habe. »Burger geht es sehr schlecht«, antwortete er. »Einen Verriß würde er jetzt nicht vertragen. Schreiben Sie über das Buch also nur, wenn Sie es gut finden.« Bei dem zur Diskussion stehenden Buch handelte es sich um Hermann Burgers »Kirchberger Idyllen«, Gedichte von großer gedanklicher Dichte und hoher sprachlicher Qualität. Ich konnte sie also guten Gewissens loben.

Marcel Reich-Ranicki blieb – das erfuhr ich später – dem hoch gefährdeten Sprachakrobaten aus der Schweiz bis zu dessen Tod verbunden. Er hat sich um ihn gesorgt, auch materiell, er hat ihn gefördert, wo er nur konnte, und immer wieder versucht, ihn mit Aufträgen für die F.A.Z. aus seinen Depressionen herauszuholen. Sein Tod hat ihn erschüttert, und er war empört – wie immer, wenn wieder einer ging und ihn daran erinnerte, daß es nur Aufschub, aber kein Entrinnen gibt.

Der Abend in Frankfurt, das kurze Gespräch über Burger – zwei Episoden von vielen, die mir den »andern« Reich-Ranicki vor Augen führten: nicht den lauten, wild gestikulierenden von Talks-Shows und Kritikerrunden, sondern den leisen, einfühlsamen, der zuhören kann und vielen im Laufe seines Lebens ein treuer Freund gewesen ist.

Wer ihn heute Hand in Hand mit seiner Frau einen Raum betreten sieht, weiß, was ich meine. Da ist eine Zartheit und eine Tiefe des Gefühls, die durch nichts und niemanden zu erschüttern sind. Wo sie ihren Grund haben, durfte jene Freundesrunde erfahren, die lange vor Erscheinen der Autobiographie zur Feier eines von Tosias und Marcels Hochzeitstagen ins Zürcher Grand Hotel Dolder eingeladen war. Mitten in die Vorspeise hinein fragte Rachel Salamander: »Sagt mal, wie war das eigentlich damals, als ihr geheiratet habt im Warschauer Getto?«

Wir hielten den Atem an, aber dann fingen sie an zu erzählen, erst er, dann mehr und mehr auch sie: wie sie sich kennenlernten, wie sie gemeinsam den Alltag bewältigten, wie sie fliehen konnten, wie sie sich versteckt hielten und wie sie schließlich befreit wurden. Und sie erzählten auch, warum sie geheiratet hatten an jenem 22. Juli 1942, als in Warschau die Deportationen begannen und nur die Heirat Tosia davor bewahren konnte, ebenfalls abgeholt zu werden. Wie oft die beiden sich seither noch gegenseitig das Leben retteten, blieb offen.

Am nächsten Vormittag rief Marcel an und entschuldigte sich. Als ich ihn fragte, wofür, sagte er: »Weil wir euch mit unseren Geschichten den Abend verdorben haben.«

Auch das ist Marcel Reich-Ranicki.

Die Maxime
von Iris Radisch

Nie werde ich den Brief vergessen, den mir Marcel Reich-Ranicki vor siebzehn Jahren geschrieben hat. Er liegt noch immer zwischen alten Schulzeugnissen, Fotografien und den Notizen für die nie geschriebene Doktorarbeit in einer ramponierten Holzkiste in unserem Hamburger Haus. Ich hatte mich nach dem Studium, wie Tausende vor mir und Tausende nach mir, bei der Literaturredaktion der Frankfurter Allgemeinen Zeitung um freie Mitarbeit beworben. Bereits vier Tage später lag ein Brief von Reich-Ranicki im Briefkasten. Ob ich in der Lage sei, französische Romane oder Erzählungen, zumal zeitgenössische, zu rezensieren. Eine Woche später folgte ein zweiter Brief: »Wir haben Ihnen heute das Buch ›Bäume im Kopf‹ von Hubert Nyssen geschickt. Ich weiß nicht, was dieses Buch taugt, aber ich nehme an, daß eine Besprechung von zwei Maschinenseiten mit 30 Zeilen reichen wird. Schreiben Sie unbedingt klar und verständlich und, sehr wichtig, nicht langweilig. Dann werden wir weitersehen...« Wunderbar! Schreiben Sie unbedingt klar und verständlich und, sehr wichtig, nicht langweilig. Ich glaube, daß ich die einfache und doch so schwer zu erfüllende Maxime, die mir Reich-Ranicki in diesem kurzen Brief vom 4. Februar 1988 auf den Weg gegeben hat, in den Hunderten von Literaturkritiken, die ich in den nun folgenden siebzehn Jahren geschrieben habe, nie mehr vergessen habe.

Als mich Reich-Ranicki vier Jahre später anrief, inzwischen war ich (ich mochte das Wort nie) die Literaturchefin der Hamburger ZEIT, um mich als Gast in das Litera-

Mit Iris Radisch im »Literarischen Quartett«, 2000

rische Quartett einzuladen, hat er sich an meine sechzig Zeilen über Hubert Nyssen (die nie in der F.A.Z. erschienen und wahrscheinlich in den dort eingehenden Manuskriptbergen verschollen sind) natürlich nicht mehr erinnert. Und auch ich habe, angesichts der gewichtigen Themen, die wir sozusagen von Chefsessel zu Chefsessel zu besprechen hatten (»Was halten Sie von Thomas Mann?«, »Haben Sie mit Reinhard Baumgart geschlafen?«) natürlich nicht gewagt, die Rede noch einmal auf Hubert Nyssen zu bringen.

Mein Gastauftritt im Quartett 1992 war aufregend. Aber noch aufregender waren die stundenlangen, in meiner Erinnerung nahezu nächtelangen Telefongespräche mit Reich-Ranicki, die diesen Auftritt sekundierten. Durch sein ausführliches fernmündliches Thomas-Mann-Examen bin ich, glaube ich, durchgefallen. Und auch was meine weitere Karriere als »Literaturchefin« betrifft (»Sie bekommen bald ein paar Kinder, und dann wird Schluß sein«), zeigte sich Reich-Ranicki äußerst skeptisch. Danach wahrten wir, wie sich das zwischen Frankfurt und Hamburg gehört, höfliche Distanz. Mit skeptischer Anteilnahme und Respekt und letztlich – anders kann ich es nicht sagen – mit großer Rührung habe ich seine Autobiographie »Mein Leben« gelesen und in der ZEIT besprochen.

Dann, im Jahr 2000, kam der legendäre Krach im Quartett. Wir hörten davon im Autoradio auf der Rückfahrt aus dem Sommerurlaub in Frankreich, und ich ahnte gleich, was nun schnell folgte. Ein erneuter Anruf von Reich-Ranicki. »Meine Liebe.« Ich bat um kurze Bedenkzeit. Wieder ein nächtliches Telefonat mit Reich-Ranicki. Sachlich, menschlich, wie immer nur an zwei Dingen tief und ernsthaft interessiert: an der Liebe und der Literatur. Alles andere, die Medien, der Rummel draußen, die Boulevardpresse, die mir sofort das Haus einrannte, das alles interessierte ihn nicht, wurde gar nicht erwähnt.

Danach, in den nun folgenden anderthalb Jahren, die das Quartett noch währen sollte, haben wir naturgemäß sehr viel telefoniert. Immer sachlich, menschlich, sehr engagiert und professionell, immer einzig interessiert an drei Dingen: der Liebe, der Literatur und der Polemik (und immer in dieser Reihenfolge). Unvergessen ist mir, wie jedes dieser manchmal durchaus verwirrenden Gespräche kurz und knapp und aufmunternd beendet wurde: »Kopf hoch, adieu.«

Wenn man mich fragt, was der mich persönlich berührendste Moment in »meinem kurzen Leben mit Reich-Ranicki« war, dann war es sicher die Sendung des Literarischen Quartetts, die nur wenige Tage nach der Geburt meiner dritten Tochter Anfang Mai 2001 aus dem Literaturhaus in Hamburg wie immer live ausgestrahlt wurde. Den Sendetermin hatte ich möglichst weit nach dem anvisierten Geburtstermin legen lassen. Aber das Kind ließ sich Zeit. Und Marcel Reich-Ranicki machte sich Sorgen. Vielleicht um mich, vielleicht um die Sendung, wahrscheinlich um beide. Jedenfalls rief er uns in den letzten Apriltagen beinahe täglich an. Zuletzt noch auf dem Handy meines Mannes, als ich im Krankenhaus in Berlin in den Wehen und nicht mehr ansprechbar war. Gehört habe ich dennoch seine Frage: Geht es gut, muß sie leiden? Und innerlich gehört und in die nächsten Stunden mitgenommen habe ich sein unvergessenes: »Kopf hoch«.

In Hamburg, festlich, hat er dann »das Mädelchen« im Kreis der zukünftigen Leser sehr herzlich in der Live-Sendung willkommen geheißen. Das Kind, das ich noch kurz vor der Sendung in der Dachstube der Literaturhausleiterin gestillt hatte, wird über diese herzliche öffentliche Begrüßung, wenn es erst alt genug ist, erfreut sein. In Salzburg, wenige Monate später, hat der Meister das Mädelchen zum privaten Fototermin sehr fürsorglich auf den Arm genommen, als wir uns ganz zufällig am Tag nach der nächsten Sendung alle beim Morgenspaziergang am Fluß trafen.

Ich gehöre nicht mehr zur Schülergeneration des Meisters, die sich bundesweit über alle maßgeblichen Redaktionen verteilt hat. Aber ich habe Marcel Reich-Ranicki einiges zu verdanken. Bewundert habe ich vor allem immer seinen nie versiegenden Humor. Und, auch wenn das angesichts eines so begnadeten Polemikers erstaunen mag: seine Duldsamkeit und Toleranz. Seine Unbestechlichkeit. Die Klarheit seines Urteils, hinter dem man keine Nebenabsichten vermuten muß. Vor allem aber seine wunderbare Frau Tosia, die mich in ihrer melancholischen Sanftmut und stillen Freundlichkeit an der Seite ihres Mannes immer daran erinnert, daß die alte, vielfach zerschlissene Legende, nach der Mann und Frau erst gemeinsam ein ganzer, ein vollkommener Mensch sind, trotz aller Zweifel, die einem jeden im Lauf des Lebens an der ewigen Liebe kommen, einfach wahr sein muß.

Der Überschußproduzent
von Jan Philipp Reemtsma

Marcel Reich-Ranicki hat, wenn ich mich recht erinnere, selbst die Anekdote vom Schriftsteller erzählt, der zu seinem Gegenüber (einem Kritiker vermutlich) sagt: »Nun haben wir die ganze Zeit von mir gesprochen, reden wir von Ihnen: Wie fanden Sie mein neues Buch?« Ein Beitrag »Meine schönste Begegnung mit Marcel Reich-Ranicki« als »Wie MRR mein Buch besprach« könnte schon komisch sein, wenn es dem unbewußten Muster der Anekdote folgte. Aber wenn man den Mechanismus kennt? Aber wer weiß schon wirklich genau, was er tut, sei er Schriftsteller, Kritiker, Berichterstatter. »Warum tut überhaupt irgendwer irgendwas?« heißt es bei Michael Frayn.

Ich hatte mir die Besprechung meines Buches im »Literarischen Quartett« nicht ansehen wollen, mußte aber den guten Vorsatz nicht auf die Probe stellen, es war etwas anderes zu tun. Der Verlag ließ mir jedoch ein Video-Band zukommen. Es hat dann noch etwas gedauert, aber schließlich konnte ich nicht widerstehen. Das Band anzusehen war weniger strapaziös als befürchtet. Was natürlich vor allem daran lag, daß das Buch bei allen Beteiligten gut wegkam. Aber es gab eine merkwürdige Stelle im Gespräch, die mich noch lange beschäftigt hat und die den Grund für die Auswahl dieser Szene bildet.

Reich-Ranicki wurde unterbrochen. Er hatte etwas ausführen wollen, und Löffler oder Karasek waren ihm ins Wort gefallen. Schade. Ich hätte gerne gehört, was er zu sagen gehabt hatte. Dann unterbrach er seinerseits, korrigierend wie zuweilen, aber wieder an das zuvor Gesagte anschließend – und wurde ein zweites Mal unterbrochen. Er nahm den Faden nicht mehr auf. In diesem zweiten Ungesagten hatte sich eine allgemeiner gehaltene Überlegung angekündigt, die ... – und nun schossen die Überlegungen ins Kraut. Ich trug lange das Gefühl mit mir herum, es sei da etwas angedeutet worden, was, wäre es gesagt worden, ganz außer der Reihe dessen, was eben im Laufe der Besprechung eines Buches so geredet wird, gesagt worden wäre, mir sei da etwas entgangen, was speziell für mich außerordentlich bedeutsam sei, mir sei etwas genommen worden, was mir irgendwie zustände. Irgendwann habe ich dann doch versucht, mir zu überlegen, was es denn hätte sein können, und kam zu dem Schluß, daß es sich um eine durchaus vorhersagbare, keinesfalls sensationelle Bemerkung gehandelt hätte – eine, die weder so viel von meiner Person berührt hätte, wie das vorherige Grübeln wollte, noch so viel von der Person des Sprechers ins Spiel gebracht hätte, wie die Eitelkeit es gerne gesehen hätte.

So was ist lehrreich. Einmal für die Selbstbeobachtung, gewiß, aber auch darüber hinaus. Von Kritiken kann man sich – wenn man überhaupt kann – distanzieren, weil sie auf den Papier stehen, d. h., man kann um eine Kritik (sei sie negativ, sei sie positiv, es ist ganz gleich, denn wer wird schon so gelobt, wie er meint, daß es sich gehöre?) herum ein kompensatorisches Phantasiespiel spinnen, in dessen Zentrum ein ignoranter, weil inkompetenter und im Grunde unengagierter Kritiker steht. Es ist nicht so, daß das im TV anders wäre. Nur machte eben MRR im Fernsehen eine so überzeugende Figur – überzeugend für die, die ihn schätzten, überzeugend für die, die ihn nicht mochten –, weil er dort das verkörperte, was er, anders als andere, auf dem Papier schon war: der in Sachen Literatur schlechthin Engagierte. Darin bestand und besteht sein Verdienst: nicht im Was, sondern im Wie. Er zeigte einer unbelesenen Nation, daß man sich über Literatur erregen konnte und daß diese Erregung wieder andere aufregte. Man hat Reich-Ranicki Schauspielerei vorgeworfen. Nichts könnte falscher sein. Ein guter Schauspieler, hat Marlon Brando einmal gesagt, gibt nie hundert Prozent. Reich-Ranicki gibt hundertzehn, und wenn das nicht geht, weil er in einer Talk-Show mit Leuten sitzt, die ihn langweilen, bemächtigt er sich entweder des Gesprächs oder langweilt sich so offensiv, daß es auch schon wieder engagiertes Tun ist.

Reich-Ranicki ist ein Überschußproduzent, und das hat den Themen, die er anpackte, kaum je geschadet (eine Ausnahme muß man machen: in seiner Autobiographie gab es keinen solchen Überschuß, und auch das hat ihm, sehr zu Recht, großen Respekt eingetragen). Daß der Überschuß diejenigen, die in seinen Kritiken schlecht wegkamen, besonders getroffen hat, konnte nicht ausbleiben. Das hat zu den vielen amüsanten, den hinnehmbaren und den zweifelsfrei inakzeptablen Reaktionen auf ihn geführt. Und eben zu solchen Erlebnissen wie dem oben geschilderten, der Empfindung von der großen Bedeutsamkeit eines gar nicht gesagten Satzes.

Hier irrte Marcel Reich-Ranicki!
von Petra Roth

»Um es gleich zu sagen: Ich liebe Frankfurt nicht.« Das saß! Den tausend Gästen stockte der Atem, der Satz wirkte wie Donnerhall. Was würde da noch folgen?

Marcel Reich-Ranicki war der Gastredner zum Neujahrsempfang der Stadt am 16. Januar 1997 im Kaisersaal des Frankfurter Römer.

Die politische Opposition der Oberbürgermeisterin frohlockte schon insgeheim: Würde der sprachmächtige Kritiker sie beschämen? Hatte sie ihn doch persönlich eingeladen!

Doch es kam anders. Marcel Reich-Ranicki sprach unübertrefflich selbstbewußt, zeichnete städtische Kulturpolitik schonungslos, provozierend, zum Nachdenken herausfordernd in die Köpfe der Gäste. Der Vorwurf des Einschmeichelns konnte keinesfalls erhoben werden! Das Raunen im Saal, in der Wandelhalle war hörbar, die Körpersprache der Gäste verstärkte die Wirkung! Es waren stille Turbulenzen, bei denen einigen der politischen Gäste die sonst so beherrschten Gesichtszüge entglitten!

Doch was hat Marcel Reich-Ranicki denn nun vermitteln wollen? Mit der ihm eigenen rhetorischen Brillanz tat er seine Gedanken über die Oper, insbesondere die Frankfurter Oper, kund! Bekanntermaßen mit Leidenschaft, unzweideutig, prägnant und warum auch nicht ... angreifbar!

Auf den folgenden parteipolitischen Disput möchte ich nicht eingehen; mir kommt es vor allem auf den von mir unterstellten Irrtum des Redners Marcel Reich-Ranicki an.

Mit seinem ersten Satz irrte er! Wer so passioniert, vehe-

Mit Petra Roth (links Teofila Reich-Ranicki, rechts Enkelin Carla) bei der Verleihung des Goethepreises der Stadt Frankfurt, 2002

ment, intensiv und kenntnisreich über das Musikleben der Stadt wortgewaltig spricht, der muß eine ganze Menge für sie übrig haben! Gleichgültig ist sie ihm gewiß nicht! Frankfurt läßt Marcel Reich-Ranicki nicht kalt. Frankfurt bewegt Marcel Reich-Ranicki, auch schöpferisch! Wie gut für unsere Stadt, daß dieser Jahrhundertkritiker ein wirklicher Frankfurter geworden ist. Er läßt sich einfach nicht vereinnahmen! Er ist ein Mann, der sich bei den Frankfurter Charakteristika – Liberalität und Weltoffenheit – zu Hause fühlt.

Unsere Stadt Frankfurt weiß diese Intellektualität zu schätzen und würdigt diesen unvergleichlichen »EigenSinn«!

Im Jahr 2002 ist ihm der Goethepreis der Stadt Frankfurt in der Paulskirche verliehen worden.

Lieber, verehrter Marcel Reich-Ranicki, solange Sie Frankfurt auf Ihre Art nicht lieben, bin ich stolz und glücklich, Ihnen immer wieder als Frankfurter zu gratulieren.

Flächendeckender Anstieg
von Günther Rühle

Als ER kam, wurde alles anders. Sein erster Schritt in das erlauchte Haus gewann historische Bedeutung. Es war der Ort seiner Sehnsucht. Nein, ich weiß nicht, ob er die Sehnsucht kennt. Es war der Ort seines Verlangens, seiner Begierde, sein Lebensziel. Es war der zweite Anlauf. Wie bei allen Revolutionen: der zweite Anlauf führt zum Ziel. Die Schwelle zum Literaturblatt der F.A.Z. hieß schon lange nicht mehr Sieburg. Und kein Sieburg-Nachfolger erwies sich als haltbar; das Feld war geräumt. So betrat er festen Fußes und mit einem bänglich-inneren Triumph den 7. Stock der F.A.Z., Feuilleton. Der neue Herausgeber brachte ihn mit, öffnete ihm die Türen, er hielt sich an ihm fest, denn allein wollte er aus Hamburg anscheinend nicht kommen. Er war die Stütze und sein Stab. Fürs erste. Denn das Empfangsklima dort oben war nicht gerade herzlich. Damals war die F.A.Z. noch ein Ordenshaus, klosterartig, zellenhaft links und rechts vom schmalen Flur; mit verinnerlichter Disziplin der Redakteursmönche: arbeitsemsig, sparsam, gewissenhaft, ohne Prätentionen der Person (außer ehemals Sieburg). Es herrschte der Betrieb der Gründungs-, Aufbau- und Durchsetzungsjahre; verteidigt in den Stürmen von 68 war er 1973 noch immer wirksam. Im Haus war die alte Mannschaft. Da kam ER. Mit Nimbus vom Hamburger Wochenfeuilleton: Bücherfan, Groß- und Langschreiber, Deutlichmacher. Er war einnehmend als Person, laut, deutlich, raumbildend, fordernd. Er war bewaffnet. Mit dem Wort »Littteratuuur«. Das Wort hallte bald durch den Flur bis zur Geschäftsleitung hinauf und brach dort die erste Sperre: gegen Dienstwagen für Redakteure. Er kam mit dem Mercedes. Man merkte bald am Parkplatz: ein neuer Stil begann. ER repräsentierte mit dem Hamburger Freund den Epochenschnitt. Alsdann verdoppelte er die Honorare und erhöhte damit das Ansehen der Literaturkritik im Hause. Wir Redakteure merkten daran: das Haus war aus seinen finanziellen Nöten heraus. ER war der erste Schöpfer aus dem Gefüllten. In Bohrers ehemaliger Arbeitsklause entwickelte ER bald eine Art Hofhaltung. Rein, raus, raus, rein; »Schrrrrifftsteller!« Er rollte das Wort ehrfurchtheischend durch die Konferenzen. Er tauschte die Mitarbeiter aus, die Rezensionen längten sich. So im Wachstum begriffen, äugte er bald nach literarischen Latifundien im täglichen Feuilleton. Vorläufer variierend und ressortverpflanzend, erfand er die Dauerserie »Romane von gestern – heute gelesen«. Er wurde so – Aufträge streuend – ein literarischer Arbeitgeber für viele mit zu sammelndem Briefwechsel für Marbach – später. Um die Produkte seines Fleißes unterzubringen, erschien er im Türahmen und rief: »Morgen ein Roman. Drrreispalltig!« Ich: »Montag, zweispaltig.« »Dann Frrreitag, vierspaltig!« Das waren unsere Dialoge. Die lyrischen Bedürfnisse seiner eher dramatisch wirkenden, aber fast nur Romane rezipierenden Natur brachten ihn zu dem Herwegh entlehnten Ruf »Der Lyrik eine Gasse!«. Zuerst vorsichtig und still, indem er neue Gedichte ins Feuilleton zu schieben verstand, vornehmlich weiblich verziert, lieblich. Mit der jungen, zierlichen, knusprigen Ulla Hahn. »Das Mädelchen« sagten wir und »Sieh an!« Dann dehnte er freimütig/mutig das F.A.Z.-politisch begrenzte Feld nach links. Dekapistisch. Peter Maiwald, auch das Mädelchen kamen daher. Sein Wort »Littteratuuur« schlug alle Grenzen und Vorurteile. Aus alldem schuf er dann die Dauerlatifundie »Frankfurter Anthologie«. Keiner gab ihr Zukunft. Es zeigte sich: Die Zukunft bestand aus seinem Willen, seiner Leidenschaft, seiner wachsenden, überwältigenden Rhetorik – und dem Unendlichkeitsvorrat an deutschen Gedichten. Seitdem läuft die Rubrik und läuft und läuft, ein Ding ohne Bremse mit dem Zeug zum postumen Denkmal. Er segelte bald im Wind der von ihm entfachten Lust an der Literatur; was er schrieb, war nicht universitär deformiert. Verständlich auch für Gattinnen. So wurde er Liebling und Angsttraum der Verleger und Autoren. Die Trias »Handkewalsergrass« wurde ein Produkt seiner Arbeit. Und er mit den Jahren der haltbarste Literaturverwalter aller deutscher Redaktionen. Als Ärgernis so gut verkaufbar wie als Ereignisstifter. Und als er selbst das weite Feld der F.A.Z. überschritt und das Literarische Quartett erfand, so daß er fernsehbar wurde, wurde er auch erkennbar auf der Straße mit wachsendem Zulauf, mehrheitlich von Verehrerinnen, wurde Gesprächs- und Erhitzungsgegenstand bundesdeutscher Parties, Preisverteiler, Preisempfänger, Studienobjekt der Neider. Und als er schließlich werbend, wenn auch unwirsch blickend auf den Litfaßsäulen telekomisch prangte, was noch keiner seiner Spezies seit Walther von der Vogelweide (»Ih hân min lehen ...«) erreicht hatte, als man ihn landauf, landab, auch noch in Hintertutzing, sogar für den Erfinder und literarischen Verklärer des kostenfreien Telefonbuchs hielt, da war noch immer nicht die letzte Stufe der auch über die bundesdeutschen Grenzen hinausgelangten Expansion erreicht. Danach wuchs er noch einmal, und zwar zum Kanonier der deutschen Literatur, so daß nun jeder weiß, daß er vier Kanons besitzen und lesen muß. Es war ein Aufstieg ohnegleichen, und mit der Höhe kam zugleich eine Verbreiterung, flächendeckend, so daß er heute als der flächendeckendste Kritiker bezeichnet werden darf, den – trotz Sieburg – dies deutsche Land europaweit besaß. An der Spitze seines Anstiegs betreibt dieser kompakte Mensch nun seine eigene Zerlegung. Im Unseld-Stil zerteilt er sein Werk aus lauter kurzen langen Stücken in viele Bände und belegt so seine Dauer und Unerschöpfbarkeit. Ja, auf dem Theaterkanal sieht man ihn nun wieder in den alten Streitereien des Quartetts, als gehöre er nun auch in den Fundus von Theateraufführungen. Man sieht ihn dort gebärdenreich und mimisch die Argumente stärkend, immer in der Hauptrolle. Er lacht dort auch manchmal während des Ächzens und Flegelns. Auf den statischen Fotos schaut er immer mürrisch, als verzweifle er an der Welt. Als sei er ein Tragiker. Napoleon blickte auch so. Dabei ist ER immer nur auf der Suche nach dem Eros, dessen Spuren er in der Literatur so heftig nachzieht, daß manche ihn schon für sonstwas halten, als er ist: Er sucht nach den Freuden des Lebens. Die zuverlässigsten und verfügbarsten und haltbarsten findet er in der Literatur. Das ist sein persönlicher Enthusiasmus. Und seine Signatur. Und seine Fron.

Als er zum erstenmal in die Redaktion kam, war – wie gesagt – das Feuilleton noch eine Art Kloster. Als er ging, war es das nicht mehr. Die Kräche, die wir – zu bleibender Erinnerung – auf dem ehrwürdigen Flur führten, waren ein Krachen im Klostergebälk. Man konnte den Krach mit ihm so steigern, daß er sich in Theater auflöste, daß man sich trennte in entstauter Zufriedenheit. Bis zum nächsten Mal.

Er war immer auch ein Re-Generator. Das macht seine Triebkraft. Sie möge noch lange dauern.

Geburtstagcarmen für MRR und die Seine
von Peter Rühmkorf

In den Kreis der Gratulanten
möcht ich mich schon gerne reihen,
hochverehrter MRR.
Nur, an sonderlich markanten,
extraordinär vaganten
Donner-Blitz-und-Witz-Geschichten
weiß ich außer den bekannten
(Sie verzeihen!)
keine wirklich neuen zu berichten,
also, eh ich mir das Maul verzerr ...

Meine, eh ich in vergilbte Tasten greife,
einfach nur, was zu gefallen glaubt.
Heißt, zur neu entflammten Friedenspfeife:
Weiterhin Fortunas Segen auf Ihr Haupt.
Immer mit zu denken die von uns geliebte Tosia
und – falls solch ein Reim erlaubt –
ewig während nektarynka i ambrosia.

Herzlich Ihr Peter Rühmkorf

Sind Sie eine Nonne?
von Doris Runge

Lieber Herr Reich-Ranicki, Sie werden sich an diese Begegnung nicht mehr erinnern, mir aber ist sie, aller bewährten Verdrängungspraktiken zum Trotz, immer noch präsent. Zwanzig Jahre ist es nun her: Mein erstes Lyrikbändchen war soeben erschienen, meine erste Buchmesse, mein erster Kontakt mit dem sogenannten Literaturbetrieb – und die Krönung all dieser Premieren, eine Einladung in das Haus des damaligen F.A.Z.-Herausgebers Joachim Fest.

Da stand ich nun, lyrischer Import aus der tiefsten ostholsteinischen Provinz in meinem nagelneuen, extra für diesen Anlaß erstandenen Hosenanzug, zwischen all den erlesenen Geistern aus Kunst, Literatur und Politik. Das schmale Bändchen mit Gedichten, sozusagen die Legitimation für diese Einladung, schrumpfte zur Bedeutungslosigkeit angesichts der illustren Gesellschaft, in der ich mich befand. Dieser Schrumpfungsprozeß erstreckte sich auch auf die Fähigkeit zu sprechen. Zunächst kein Nachteil, brauchten doch all die großen Redner vor allem gute Zuhörer. Und auf dieser Klaviatur spielte ich souverän: lächelte und nickte zum richtigen Zeitpunkt, bis, lieber Herr Reich-Ranicki, ich ausgerechnet neben Sie zu sitzen kam. Bei meinem Nachbarn zur anderen Seite, Yehudi Menuhin, funktionierte die oben beschriebene Methode noch einigermaßen: Lächeln und Nikken. Sie aber waren eindeutig hartnäckiger. Sie hatten es sich offensichtlich in den Kopf gesetzt, zu erfahren, ob das freundliche Wesen neben Ihnen auch der Sprache mächtig sei, und eröffneten die nun folgende, mir unvergeßlich gebliebene Konversation mit der eindeutig provokanten Frage: Ich habe gehört, Sie leben in einem Kloster – sind Sie eine Nonne? Eine Frage, die ich schlicht und wahrheitsgemäß beantwortete: Nein. Ich vermute, mit dieser ostholsteinischen Schlagfertigkeit hatten Sie nicht gerechnet. Nachdem ich noch zwei weitere verbale Attacken mit entschiedenem »Ja und Nein« konterte, lernte ich zum ersten Male jene Geste kennen, die ich später so oft bei Ihnen beobachten konnte. Den Kopf nach vorne gebeugt, das Gesicht in beide Hände vergraben, ein verzweifelter Blick verlieh der flehentlichen Bitte um Erlösung Ausdruck.

Die einzige Entschuldigung, die ich nachreichen kann, wenn ich Sie heute um Absolution bitte, ist, daß Wasserfrauen aus dem hohen Norden ihre Sprache preisgeben müssen, wenn sie mit Hosenanzug im fremden Element wandeln. Hans-Christian Andersen ist mein Zeuge.

Die Bittstellerin
von Rachel Salamander

Wir schreiben das Jahr 1985. Endlich wurde mir von Kontaktpersonen signalisiert, daß ich Marcel Reich-Ranicki nun anschreiben dürfe.

Ich leite zu diesem Zeitpunkt bereits drei Jahre die »Literaturhandlung«, die nicht nur ein auf »Literatur zum Judentum« spezialisiertes Sortiment anbietet, sondern von Anbeginn an diesen Themenschwerpunkt mit einem ausgesuchten Veranstaltungsprogramm begleitet.

Das Anliegen meines am 11. März 1985 abgeschickten Briefes: eine Einladung an Marcel Reich-Ranicki zu einem Vortrag »Über Ruhestörer. Juden in der deutschen Literatur«. Ich schlug zwei Termine vor, einen im Juli, einen im September. Eine Woche später kam die abschlägige Antwort, es sei ihm im laufenden Jahr 1985 ganz unmöglich zu kommen, und er bat, »die Sache ein wenig zu verschieben«. Im Juli meldete ich mich für das Jahr 1986 an. Worauf er während eines Aufenthaltes in München im Oktober seinen Besuch in der Literaturhandlung ankündigte. Er wollte wohl beides in Augenschein nehmen, mich und die Buchhandlung. Es kam anders, ich traf ihn vorher schon auf der Buchmesse in der Bar vom Frankfurter Hof. Sichtlich hatte er sich eine andere Person vorgestellt, eine, die besser zum eingeschränkten Themenbereich paßte.

Er äußerte große Bedenken, die in dem leidenschaftlichen Ausruf gipfelten, daß er sich unmöglich wieder in ein Ghetto sperren lassen könne. Ich redete und redete, erklärte ihm meine Arbeit, die genau das nicht tue, und konnte ihn am

Mit Rachel Salamander, 2002

Ende nur mit seinen eigenen Argumenten aus dem Buch »Über Ruhestörer« davon abbringen, mir endgültig abzusagen. Schließlich hatte er in der dort abgedruckten Rede »Im magischen Judenkreis«, die er 1970 anläßlich der Eröffnung der Münchner Ausstellung »Werke von Autoren jüdischer Herkunft in deutscher Sprache« gehalten hatte, die brisante Frage gestellt, ob es legitimes und sinnvolles Auswahlprinzip sei, deutschsprachige Autoren zusammenzufassen, »die im Grunde nur eins miteinander gemein haben: die jüdische Herkunft«. Wir wissen alle, daß in Beantwortung dieser Frage ein wunderbares Buch entstanden und zur Grundlektüre aller geworden ist, die die Werke von Juden in der deutschen Literatur verstehen wollen. »Nichts wäre also irriger als die Annahme, man habe diese Schriftsteller hier noch einmal isolieren und mit einer nunmehr goldenen Ghettomauer umgeben wollen. Ganz im Gegenteil:

Nur dann nämlich, wenn man die spezifische Situation und die Eigenart der deutschen Schriftsteller jüdischer Herkunft ausdrücklich betont, nur dann macht man sie verständlich und trägt zu ihrer Wiedereinbürgerung bei.« Um nichts Geringeres ging es auch mir. In den vergangenen zwanzig Jahren haben wir Tausende von Menschen zusammengeführt. Sie alle wollten über die »Ruhestörer« hören. Aber vom Leben eines bestimmten ganz besonders: von Marcel Reich-Ranickis.

Heute bin ich plötzlich zur Anlaufstelle für Bittsteller in Sachen Reich-Ranicki geworden. »Besser ist der Ausgang einer Sache als ihr Beginn.« (Kohelet 7,8)

Unter Wagnerianern
von Stephan Sattler

Welches Zusammentreffen mit Marcel Reich-Ranicki sich mir am tiefsten eingeprägt hat, darüber vermag ich nicht zu befinden. Aus den vielen Begegnungen seit 1988 ist mittlerweile eine Art feste Verbindung entstanden, ja fast schon eine Freundschaft, wenn sie denn zwischen zwei Ungleichen möglich wäre. (Bereits der Philosoph Aristoteles hat vor über 2300 Jahren mit guten Argumenten dargelegt, daß es nur Freundschaft zwischen ungefähr Gleichen geben könne.) Der Mann, der dem Alter nach mein Vater sein könnte, läßt mich mit seinem Temperament, seiner geistigen Präsenz, seinem Witz gar zu oft alt aussehen. Nächtliche Telefonate, die plötzlich unterbrochen werden durch die überfallartige Frage: »Sag mal Stephan, was gibt's Neues?«, sie bringen mich noch immer in Verlegenheit. Und kommt die Frage in der nur scheinbar milderen Form daher: »Stephan, und Neues hast du mir gar nicht zu erzählen?«, verfalle ich in eine senile Starre. Wie ärgerlich!

Dabei sind diese nächtlichen Telefon-Konferenzen nicht selten große Momente der Belehrung wie der Unterhaltung. Kaskaden boshafter Bemerkungen, aber auch rühmender Elogen gehen über die besten Talente des öffentlichen Lebens hernieder. Falls sich das Gespräch nicht gerade um eine tiefgehende Erörterung eines deutschen Schriftstellers dreht oder um Lebensgeschichtliches, verleitet mich der Großkritiker dazu, einer meiner schäbigsten Eigenschaften zu frönen: dem Imitieren hoch angesehener Persönlichkeiten des Geisteslebens. Die begeisterten Lachsalven am anderen Ende der Leitung feuern mich geradezu an, mehr und mehr von meinen fragwürdigen Kostproben zu geben. Im Lachen sind wir fast keine Ungleichen mehr.

Bewegt hat mich die Rede, die Marcel Reich-Ranicki am 10. Juli 2002 in der Großen Aula der Münchner Universität gehalten hat. Man verlieh ihm die Ehrendoktorwürde. Schon der Raum rief in mir Erinnerungen an denkwürdige Reden wach. Hier hielt mein akademischer Lehrer Eric Voegelin im Sommersemester 1964 die damals vielbeachtete Vorlesung »Hitler und die Deutschen«, eine der luzidesten Auseinandersetzungen eines Remigranten mit der NS-Zeit. Im Herbst 1995 erlebte ich dann den Auftritt Martin Walsers, als er seine Laudatio anläßlich der Verleihung des Geschwister-Scholl-Preises an die Nachfahren von Victor Klemperer – in mitreißendem rhetorischen Schwung – vortrug. In das Lob des gewaltigen Werkes von Klemperer mischte sich das für ihn so dringende Bedürfnis, nachweisen zu müssen, daß die Vernichtung der Juden keiner historisch notwendigen Entwicklung folgte. Schon damals konnte spüren, wer den Sinn dafür hatte, wie sehr den Autor die Überzeugung umtreibt, er habe ein Recht auf ein ungestörtes, wenn nicht gar reines Nationalgefühl. Drei Jahre später, im Herbst 1998, wieder eine unvergeßliche Rede. Der israelische Historiker Saul Friedländer, der, als Kind in Frankreich versteckt, den Holocaust überlebt hatte, erhielt den Geschwister-Scholl-Preis für den Band »Das Dritte Reich und die Juden«. Wie dieser Historiker Beschreibung und Analyse der Fakten mit seinem moralischen Urteil verband, beeindruckte die Zuhörer. Nicht Tribunalisierung, sondern die Demonstration der Einzelheiten, Kleinigkeiten, Nuancen gewährte den Blick aufs Grauenvolle, öffnete aber auch ein Verstehen, das Großerklärungen der deutschen Verbrechen in der NS-Zeit nicht bieten können.

Thema und Ton der Rede Marcel Reich-Ranickis paßten zur Problematik seiner Vorredner in der Großen Aula. Er begann mit dem unmittelbaren Ärgernis, dem kurz zuvor erschienenen Walser-Roman »Tod eines Kritikers«, einer neuen deutschen Mordphantasie, die auf MRR zielte.

Dann folgten seine Ausführungen zu München, der Stadt, in der Hitlers Partei gegründet und Thomas Manns »Zauberberg« geschrieben wurde. Diese Rede, wohl die beste der letzten Jahre, ist längst veröffentlicht und kann nachgelesen werden. Ich erwähne sie nun wegen einer Begebenheit, die mich ungemein freute und die vielleicht am besten zeigen kann, wie wohltuend Marcel Reich-Ranicki wirken kann.

In der Rede, und zwar in der Passage, die der Frage nachgeht, was eigentlich die Stadt München und der Freistaat Bayern unternommen haben, um ihren ehemaligen Bürger, den 1933 als »Wagnerverächter« verjagten Schriftsteller, den »bedeutendsten, der je in dieser Stadt gelebt hat«, eine Rückkehr zu ermöglichen, fällt plötzlich der Name meines Vaters.

Dieter Sattler war zwischen 1947 bis 1951 bayerischer Staatssekretär der Schönen Künste und bemühte sich – auf eher verlorenem Posten – um eine Einladung emigrierter Künstler in das im mühsamen Wiederaufbau begriffene Deutschland in seinen vier Besatzungszonen. Mein Vater zählte zu der kleinen Minderheit, die sich nicht »verstrickt in die Verführungen« des Hitlerregimes fühlte. 1947 sprach er darum vom »Anderen Deutschland«, dem Nicht-Nazi-Deutschland, das unbedingt der Hilfe und Unterstützung der Emigranten bedürfe, um die »Denazifizierung« erfolgreich durchführen zu können. Im Sommer 1948 besuchte er Thomas Mann in Kalifornien. Er kannte ihn von Kindheit auf, weil er mit den Mann-Kindern Erika, Klaus und Golo am Isarufer gespielt hatte. Das Haus der Manns und das Haus der Sattlers befanden sich beide im Münchner Stadtteil Bogenhausen. Mein Vater, beraten von Emil Preetorius und Wilhelm Hausenstein, wagte damals im fernen Pacific Palisades dem vertriebenen Nobelpreisträger zu unterbreiten, ob er sich den Posten des Präsidenten der neu zu gründenden Akademie der Schönen Künste oder den Posten eines Präsidenten einer noch längst nicht realisierbaren Richard-Wagner-Stiftung vorstellen könne. Dieser Versuch des Vorfühlens muß gründlich schiefgelaufen sein. Dennoch mochte mein Vater von Thomas Mann nicht lassen. Im Frühsommer 1949, noch vor den ersten Bundestagswahlen (ich weiß nicht mehr, ob direkt oder indirekt), unterbreitete er dem Noch-nicht-Bundeskanzler, aber schon damals äußerst machtbewußten Konrad Adenauer die Frage, ob man nicht Thomas Mann für das neu geschaffene Amt des Bundespräsidenten überreden solle.

Marcel Reich-Ranicki zitiert nun in seiner Rede den Rhöndorfer Patriarchen: »Dieser Thomas Mann, der paßt doch besser in die Soffjetzone.«

Wer nach dem genauen Wortlaut fragt, dem kann ich antworten. Der Redner hat sich bei mir rückversichert. Darum trage ich die Verantwortung. Ich stütze mich auf die Erzählungen meines Vaters, die schon lange zurückliegen und in unterschiedlichen Versionen in meiner Familie verbreitet wurden. Lassen wir es bei dem Wort Giordano Brunos: »Se non è vero, è ben trovato.«

Wofür ich aber meine Hand ins Feuer lege, ist die Tatsache, daß mein Vater das Unvereinbare, also Konrad Adenauer und Thomas Mann, den realistischen Westpolitiker und den gescheiten Erzähler, miteinander verbinden wollte und sich später doch ein wenig für seine »allzu gutgemeinten« Absichten genierte. Wie alle Kinder des deutschen Bildungsbürgertums träumte er von der Versöhnung von Macht und Geist, vor allem nach 1945.

Die Erwähnung meines Vaters in Marcel Reich-Ranickis Rede hat mich für meinen Vater gefreut, weil ihm eine viel zu spät gewährte Beachtung zuteil wurde. Dessen Einsatz für die Emigranten, vor allem für Thomas Mann, wurde von den damals Verantwortlichen schnöde abgewiesen. Der frisch gekürte Ehrendoktor der Ludwig-Maximilian-Universität, aber keiner der vielen deutschen Kulturpolitiker, die mit meinem Vater in den sechziger Jahren zusammenarbeiteten, hat an dieses weit zurückliegende Anliegen meines Vaters erinnert.

Irgendwann nach 1990 rief mich Reich-Ranicki an – er hatte gerade einmal wieder in dem Band der Thomas-Mann-Tagebücher (28. 5. 1946-31. 12. 1948) gestöbert – und fragte eindringlich: »Wer ist dieser Dieter Sattler, der 1948 Thomas Mann besuchte?« Seit ich ihm versicherte, dieser sei mein Vater gewesen, wuchs, so will es mir rückblickend scheinen, sein Interesse an mir. Sein Wohlwollen gehörte ja schon seit längerem meiner Frau Rachel Salamander.

Meine Erzählungen über meinen Vater – bei Treffen in Bad Ragaz, Altaussee oder Zürich – führten schnell zu weit ausholenden Gesprächen über Thomas Mann und Richard Wagner. Daß mein Vater mit einem ausgebildeten tiefen Bariton Hans-Sachs-Arien schmettern konnte, bei allen möglichen und unmöglichen Anlässen (etwa in den linoleumgedeckten Fluren des Auswärtigen Amtes, wenn mich mein Vater sonntags in sein Büro mitnahm), erfreute den Literaturkritiker und Wagnerliebhaber. Eine der Überzeugungen meines Vaters war es, die Wagnerbegeisterung kann einen Hitler, aber eben auch einen Thomas Mann erfassen.

Mein Vater und Reich-Ranicki wären, was Wagner angeht, einer Meinung gewesen, das ist mir klar. Sie hätten über Thomas Mann und Bertolt Brecht, Wilhelm Furtwängler und Bruno Walter, Max Reinhardt, Max Pallenberg (den mein Vater fabelhaft imitieren konnte), aber auch Gustaf Gründgens geschwelgt, vor allem über das Berlin Ende der zwanziger, Anfang der dreißiger Jahre. Mein Vater, 14 Jahre älter als Reich-Ranicki, erzählte über keine Zeit schwärmerischer. Er starb 1968 in Rom. Reich-Ranicki kannte er wohl als Literaturkritiker, jedoch nicht persönlich. Thomas Mann, Reich-Ranicki, mein Vater, und ich könnte noch viele andere nennen: alles Wagnerianer. Wer nur ein wenig für Literatur und Musiker empfänglich ist, gerät in Deutschland unter Wagnerianer.

Polnisches Duett
von Markus Schächter

Da saßen sie, gebeugt, ein wenig müde nach dem langen Tag. Sie bestellten sich Rotwein. Es war im Juni 1999 im ZDF auf dem Mainzer Lerchenberg. Ein Symposium hatte sich mit hochmögenden Gesprächspartnern zum Jubiläum des Mauerfalls durch die Fragen eines Erinnerungsjahrzehntes gearbeitet. Titel: »Was uns in Deutschland zusammenhält«. Allerlei wurde beschworen: der Geist des Aufbruchs, die Depression des Abschwungs, das Verbindende der Kultur, das Trennende der Mentalitäten. Sie, die beiden älteren Herren, hatten sich nebeneinandergesetzt: Andrzej Szczypiorski und Marcel Reich-Ranicki. Sie luden mich ein, mit ihnen ein Glas zu trinken. Auf was sollten wir anstoßen? Ich entschied, auf das Wohl meiner beiden Gesprächspartner zu trinken. Szczypiorski, Jahrgang 1924, damals der bekannteste polnische Schriftsteller, stets präsent, wenn es darum ging, die großen historischen Veränderungen in Osteuropa in einem wunderbar altmodisch-präzisen Deutsch zu deuten; Reich-Ranicki, Jahrgang 1920, Literaturpapst und damals der mächtige Dirigent des »Literarischen Quartetts«. Inmitten deutsch-deutscher Nabelschau und Selbstvergewisserung saßen sie nun mit mir zusammen, wie herausgeschnitten aus der Gegenwart und doch ganz präsent. Zwei, die überlebt haben.

Überlebende des Holocaust, Überlebende des Warschauer Aufstandes, Überlebende mit der Literatur, Landsleute für eine Weile, Freunde. Leise raunten sich die beiden über die Ränder der Rotweingläser hinweg weiche melodiöse Sätze zu, Satzfetzen, wie mir schien. Wie hingeworfen, so wie ich es öfters erlebt hatte, wenn sich Marcel Reich-Ranicki und seine Frau Teofila schnell etwas auf polnisch zuriefen. Eine Bestätigung? Eine Zurechtweisung? War am Ende ich selbst gemeint? Was kommentierte Frau Reich-Ranicki gerade mit freundlicher Miene? Hatte das Lächeln nicht doch eher etwas Maliziöses? Verstörend, wenn zwei Polen polnisch reden und man kein Wort versteht.

Aber keine Angst, Szczypiorski ist ein Gentleman und wechselt galant ins Deutsche. Er war an diesem Tag pessimistisch gestimmt. In einer Philippika geißelte er die Individualisierung einer maßstabslosen Wohlstandsgesellschaft. Die Kultur seiner Kindheit hätte keine Geltung mehr, Ideologien und christlicher Glaube stürben ab, einer Laissez-faire-Gesellschaft fehlten verbindliche Werte, die Zukunft sei eine dunkle Herausforderung, der nur mit Mut und großer Opferbereitschaft zu begegnen sei. »Ich persönlich habe den Eindruck, daß die Welt der Werte, in der ich groß geworden bin, einfach umgebracht wurde. Ich fürchte, daß ich auch einen Anteil habe an diesem Mord.« So sprach der polnische Schriftsteller streng und zornig am Nachmittag. Reich-Ranicki ist völlig anderer Meinung: »Lieber Szczypiorski – fabelhaft formuliert! Aber falsch! Und besonders schlimm, weil Sie so brillant formulieren, daß manche Leute am Ende glauben könnten, Sie hätten Recht!« Beide seien sie von Christen und Anhängern von Ideologien gepeinigt worden, Szczypiorski sei im KZ Sachsenhausen gewesen – man könne doch dankbar sein, wenn die furchtbaren Ideologien endlich verschwinden würden. Man solle sich zudem daran erinnern, was das Christentum in Polen angerichtet habe.

Von den Kanzeln sei der schlimmste Antisemitismus gepredigt worden – nicht nur von den Dorfpfarrern, sondern auch von manch einem Kardinal. »Es reicht mir!« ruft Reich-Ranicki erregt aus. Das Christentum hätte lang genug die Welt und die Werte unserer Gesellschaft bestimmt und man könne sehen, was daraus im 20. Jahrhundert geworden sei.

Da muß nun auch der abwägende Szczypiorski zustimmen, zumindest was den polnischen Antisemitismus angeht. Zwar warf ich noch den epochalen Einfluß des polnischen Papstes auf die politischen Umstürze in Mitteleuropa ins Feld, aber Reich-Ranicki ist nicht zu versöhnen.

Marcel Reich-Ranicki im Juni 1999: angekommen auf dem Höhepunkt seiner medialen Popularität. Wenige Monate später, im Herbst, werden seine ergreifenden Lebenserinnerungen herausgekommen sein. In »Mein Leben« lernten wir zum ersten Mal die leise, traurige Stimme eines Menschen kennen, der nur knapp der Hölle entkommen ist. Die andere Seite des polternden Großkritikers. Die andere Seite, die verstörende Abseite der Ausgrenzung und Verfolgung, die auch unser Gesprächspartner Andrzej Szczypiorski in seinem unsterblichen Roman »Die schöne Frau Seidenman« erleben läßt. 1988 erschien das Buch in deutscher Sprache und ist übrigens gleich in der ersten Ausgabe des »Literarischen Quartetts« pointiert herausgehoben worden. Was nicht wenig dazu beigetragen hat, daß der polnische Schriftsteller vor allem in Deutschland seine treuesten Leser fand und findet.

Warum ist mir die Begegnung mit Reich-Ranicki und

Szczypiorski an diesem Abend in Mainz so in Erinnerung geblieben? War es der tiefe Ernst, mit dem Szczypiorski den Verfall seiner Welt beklagte? Der fast verzweifelte Pessimismus, der ihn bis zu seinem Tod im Jahr nach unserer Begegnung nicht mehr verließ? Ja, und es war vor allem die plötzlich ausbrechende, heftige Gegenrede Reich-Ranickis, der so wenig Wert legt auf Überkommenes – nach all den Erfahrungen. Welche Maßstäbe läßt er gelten? Jedenfalls keine religiösen Vertröstungen mehr auf ein Jenseits. Hier und jetzt muß es stimmen, ganz pragmatisch: »Allerlei ist gefährdet, wenn in einem Land der Wohlstand, der besteht, verschwindet. Das ist immer sehr gefährlich. Aber daß gerade die Einheit Deutschlands gefährdet ist, das bezweifle ich. Nein, andere Dinge könnten dann im Land auftauchen, die nicht sehr schön und angenehm sind.«

Am Ende eines anstrengenden Debattentages, an dem wir uns viel mehr über das Trennende als das Verbindende in Deutschland unterhielten, fand Marcel Reich-Ranicki die wohl treffendsten, klarsichtigsten Worte, 1999, in jenem Jahr, als noch niemand etwas ahnen konnte von 09/11 in New York oder den 5 Millionen Arbeitslosen in unserem Land.

Es war spät geworden. Die beiden älteren Herren nickten sich zu. Es ist Zeit, zu gehen. Bevor sich unsere Runde verstreute, dann doch noch eine Frage an Marcel Reich-Ranicki: »Wie konnten Sie nur die deutsche Sprache noch so lieben, nach allem, was Ihnen die Deutschen angetan hatten?« Seine Antwort, immer wieder gerne zitiert, ich habe sie an diesem Abend zum ersten Mal persönlich aus seinem Munde gehört: »Mein Lieber, Moment mal! Deutsch ist auch die Sprache von Goethe und Schiller, von Thomas

Mann und Bertolt Brecht! Als ich in Polen nach dem Krieg mich um deutsche Literatur, hauptsächlich jene aus der DDR, kümmern wollte, fragte man in den Behörden mißtrauisch, warum ich es denn so mit der deutschen Sprache hätte. ›Ja, Deutsch, das ist doch die Sprache von Karl Marx und Friedrich Engels‹, entgegnete ich schnell. Es hat sie beruhigt! Thomas Mann und Goethe konnte man jedenfalls nicht als bekannt voraussetzen bei den polnischen Genossen.« Szczypiorski lachte.

Die Flut kommt
von Frank Schirrmacher

Ich war nie für Anekdoten gut. Alles, was witzig war, kam immer von ihm. Und die Pointen auch. Ich habe ihn in seinem Büro erlebt und in seiner Wohnung, auf Reisen und auf Konferenzen, im Fernsehen und vor dem Fernseher, an runden und unrunden Geburtstagen – seit zwanzig Jahren arbeite ich mit MRR auf die eine oder andere Weise zusammen: Wer glaubt, ich könnte unter den unzähligen Erlebnissen auch nur unterscheiden? Sie sind alle zusammen ein einziger Reich-Ranicki-Strom, eine ständiges Überrascht- oder In-die-Enge-getrieben-Werden und zugleich ein andauernder Zwang zur Geistesgegenwart, um von ihm, dem Unlangweiligsten der Zeitgenossen, nicht der Langeweile geziehen zu werden.

Die wirklich guten Geschichten kann man sowieso nicht erzählen. Etwa die von dem Schriftsteller, der seine Reich-Ranicki handschriftlich ergebenst gewidmeten Bücher im modernen Antiquariat wiederfand. Oder die Reaktion jenes Bankdirektors, der der Vater eines unserer berühmtesten Schriftsteller war, und dem MRR gut gelaunt erzählte, ja, ja, eine Bank hab ich auch mal überfallen, 1944 war das, und Tosia hat Schmiere gestanden. Nicht nur hatte er ein dramatisches Leben, er verschaffte und verschafft uns allen, die wir in seiner Nähe sind, etwas von dieser Dramatik. Ich habe diese Telefonanrufe erlebt und geliebt und wurde süchtig nach ihnen, die mit dem Satz begannen: »Herr Schirrmacher, Sie wissen nicht, was sich abspielt.« Oder: »Ich habe unglaubliche Nachrichten, und Sie wissen natürlich mal wieder von nichts.« Was haben wir in unserem langweiligen Alltag gekramt, um ihm ein paar aufregende Geschichten zu bieten. Oft mit dem Ergebnis, daß er die Pointe der Erzählung mit dem Satz quittiert: »Ist Ihre Geschichte jetzt zu Ende?« Oder: »Kommt noch was?« Oder: »So. Das war Ihre Geschichte?«

Ja, meine oder auch unsere Geschichten haben immer etwas sehr Schwerfälliges, wenn wir sie ihm erzählen. Sie klingen erst so gut, aber dann, wenn man sie ihm erzählt, verlieren sie doch wahnsinnig schnell an Charme. Er hat dafür ein Sprichwort: »Er hört die Glocken, weiß aber nicht, wo sie hängen.« Was soll ich also erzählen? Die Geschichte einer fortlaufenden Desillusionierung über sich selbst angesichts des Ruhms des Vorgängers, eines Ruhms wohlgemerkt, der angeblich selbst Joachim Kaiser zu dem apokryphen Satz veranlaßte, MRR sei der Meister, er aber der Geselle? »Ach Gottchen«, soll er gesagt haben, wenn ich einer Andeutung Kurt Kisters glauben darf, »der Marzel ist doch wohl der Größte unter uns.« Ich gebe das hier so zu Protokoll. Ich halte das für glaubwürdig. Es stimmt nicht, daß große Kritiker sich nicht leiden können. Nur kleine Kritiker können sich nicht leiden. Einmal hat MRR den Joachim Kaiser in München zum Taxi gebracht. Verabschiedung, noch mal großes Hallo, wie Kritiker so sind, adieu! Dann im Taxi soll der Taxifahrer Joachim Kaiser verschwörerisch gefragt haben: »Na, haben Sie ihm Gedichte vorbeigebracht?«

Dieser Marcel-Reich-Ranicki-Bewußtseinsstrom, der reißend in mir anschwillt und alles mitreißt, sobald ich nur an ihn denke, befruchtet Freund und Feind. Gerne erinnere ich mich jenes Samstags irgendwann Ende der achtziger

Jahre, als Georg Hensel mich anrief. Hensel wörtlich, wenn auch etwas taktlos: »Sie müssen sofort beim Reich-Ranicki anrufen. Der ist jetzt endgültig verrückt geworden.« Hensel hatte nicht nur mich angerufen, sondern, wie sich später herausstellte, mehrere hundert Leute. Das hatte zur Folge, daß es bei MRR erst mal ziemlich lange besetzt war, ehe ich an die Reihe kam. Nach dem zweiten Klingeln geschah folgendes. Wörtlich: »Hier Reich-Ranicki. Zum Kampf der Wagen und Gesänge, Der auf Korinthus' Landesenge«

– »Herr Ranicki?« –

»Der Griechen Stämme froh vereint,
zog Ibykus, der Götterfreund.
Ihm schenkte des Gesanges Gabe,
Der Lieder süßen Mund Apoll,

So rede, rede, rede ich, ich rede immerzu, denn niemand wird dies je hören.«

Und damit war Schluß. Reich-Ranicki hatte aufgelegt. Am Montag, nachdem offenbar eine Telefonlawine durch Deutschland gegangen war, erfuhr ich, was geschehen war. MRR hatte einen neuen Anrufbeantworter. Ach, selbst was niemand je hören sollte, hörten alle; und selbst das taugte wieder zur Anekdote. Wir verneigen uns vor dem Größten.

Kopf hoch, Liebling!
von Renate Schostack

Immer gab es Tränen. Zunächst die heimlichen des Zorns.

MRR suchte mich irgendwann im Jahr 1973 in London auf. Ich war dort seit 1970 Kulturkorrespondentin der F.A.Z., ich wohnte in Hampstead, seine Schwester lebte im selben Stadtteil. Ich wußte, daß er demnächst die Leitung der Literaturredaktion der Zeitung übernehmen würde. Sein Vorgänger, Karl Heinz Bohrer, mußte den Platz räumen. Der hatte sich gewünscht, nach London versetzt zu werden. Also mußte auch ich den Platz räumen. Deshalb die Tränen.

MRR, damals noch mit schwarzem Haarkranz und von jugendlichem Schwung, gab sich charmant und völlig unbefangen. Er fragte: »Was gibt es Neues in Frankfurt?« Es war klar: Er wollte Informationen über die inneren Zirkel der F.A.Z. haben. Wie hätte ich wissen können, daß MRR jedes Gespräch mit dieser Frage beginnt: Was gibt es Neues?

Ich antwortete schroff, mit Neuigkeiten könne ich nicht dienen. Ich sagte, erstens bewunderte ich Karl Korn, zweitens sei ich ein Fan von Karl Heinz Bohrer, drittens hätte ich Friedrich Sieburg gern gelesen. Jedesmal zuckte er zusammen, als hätte ich ihn mit einer glühenden Zange gezwickt, jedesmal ein bißchen mehr. Doch er blieb gut gelaunt, gab bloß ein abwehrendes, sich in immer höhere Tonlagen steigerndes »Nun, nun!« von sich und wedelte mit der Hand, um anzuzeigen, daß er meine Sprüche nicht ernst nehme.

Die weitere Unterhaltung verlief in zivilen Bahnen. Nach dem Gespräch fuhr ich den Besucher zu seiner Schwester. Beim Abschied sagte er: »Wir sehen uns wieder, Liebling.«

Liebling? Nun war es an mir, sein »Nun, nun!« hochtönend zu zitieren. Ich wußte nicht, daß Liebling bei ihm ein galanter und praktischer Ersatz für die namentliche Anrede ist, enthebt die Floskel doch den Benutzer der Notwendigkeit, sich einen Namen merken zu müssen.

Nun zu den Tränen, den richtigen. Die erzwungene Rückkehr nach Frankfurt machte mir zu schaffen. Viele Wochen war ich in keiner guten Verfassung. Eines Abends rief mich der große alte Mann der Zeitung, Erich Welter, in sein Büro. Er war, wie es dem Stil der alten F.A.Z. entsprach, von patriarchalischer Liebenswürdigkeit. Es ging um meine Arbeit, meine Zukunft. Welter fragte, ob es vielleicht hilfreich wäre, mir freiere Möglichkeiten einzuräumen. Hieß das, ich solle nicht länger Redakteurin sein? Freie Mitarbeiterin? Lief es auf eine Entlassung hinaus? Ich brach sofort in Tränen aus, ich weinte lautlos während des ganzen Gesprächs, das noch ein Weilchen dauerte, ich weinte, als ich danach in mein Zimmer zurückging. Niemand war mehr in den Büros. Doch: einer, MRR. Er sah mich an seiner offenen Tür vorübergehen, er rief mich hinein.

Eine weinende Frau ist bedauernswert, aber auch ein bißchen lächerlich. Welter, der ein Herr war, hatte deshalb meine Tränen ignoriert. MRR, der ein Mensch ist, ignorierte sie nicht. »Also Liebling«, sagte er, nachdem ich ihm Bericht erstattet hatte, »Kopf hoch! Das wird geregelt.« Ein paar Tage später war ich Redakteurin im Literaturressort.

MRR nahm großen Anteil an meinem ersten Roman, er lud mich zweimal nach Klagenfurt zum Ingeborg-Bachmann-Wettbewerb ein. Über die Auszeichnungen, die ich erhielt, freute er sich, glaube ich, mehr als ich selbst.

Das dritte Mal waren die Tränen, die ich weinte, Tränen der Rührung, der Freude, der Dankbarkeit. Anläßlich meines fünfzigsten Geburtstags veranstaltete meine Heimatstadt Pforzheim eine öffentliche Feier, bei der MRR als Festredner auftrat. Sein Thema »Tendenzen der Gegenwartsliteratur« hatte Hunderte von Leuten in die Stadthalle gelockt. Ich war furchtbar aufgeregt. Ich sollte einen neuen Text lesen, in Gegenwart meiner Familie, meines siebenjährigen Sohnes, zahlreicher Freunde. In meinen Ohren dröhnte es, als litte ich an Tinnitus. Ich las also. Doch ich weiß nicht mehr, was ich las. Und ich kann mich auch nicht an das erinnern, was MRR sagte. Nur eines habe ich im Gedächtnis behalten: Er dankte meinen Eltern. Er dankte ihnen, daß sie mir vieles mit auf den Weg gegeben hatten, daß sie mich auf eine gute Schule geschickt, daß sie mich hatten studieren lassen.

Ich ahnte, daß in diesem Dank Trauer und Schmerz mitschwangen. Seine Autobiographie lag damals noch nicht vor, aber er hatte mir einiges erzählt. Ich wußte, daß es seinen Eltern nicht vergönnt gewesen war, das Leben ihrer Kinder zu begleiten, sich über ihre Karriere, ihre Erfolge zu freuen. Und ich bewunderte, nein: ich liebte ihn dafür, daß er nicht in Ressentiment, Rachlust oder Haß versank, sondern meinen Eltern Dank auszusprechen fähig war.

Als ich auf MRR nach seiner Rede zuging, hatte ich wieder Tränen in den Augen. Und wieder sagte er: »Kopf hoch, Liebling!« Und da begannen wir beide zu lachen.

Der Riesenrabe
von Mathias Schreiber

Meine erste Begegnung mit Marcel Reich-Ranicki war wie der Auftakt zu einem schlechten Roman. Er, damals 45 Jahre alt, betrat, unwillig murmelnd, pfeifend, schnaufend, den mittelgroßen Raum, in dem ich mich schon befand, stellte sich, ein paar Meter links von mir, vor die Wand und ließ es plätschern. Ich erstarrte fast vor Schreck und Ehrfurcht – er, der große Wortführer, der damals schon ebenso bekannte wie umstrittene Literaturkritiker, zum Greifen – und Ansprechen!? – nah, aber leider bei einer sehr irdischen Verrichtung; da schickte es sich nicht einmal, »Guten Tag« zu sagen ... Ich habe den Raum hastiger verlassen, als es nötig gewesen wäre.

Das war 1966 in Princeton, USA, bei der Tagung der legendären »Gruppe 47«. Ich war eingeladen worden als 23 Jahre »junger Lyriker«, der aus seinem – für das Erscheinungsjahr 1967 vorbereiteten – Debütband ein paar Kostproben vorlesen sollte. Reich-Ranicki, Hans Mayer, Walter Jens, Erich Fried, Walter Höllerer, Günter Grass, Joachim Kaiser, auch schon Hellmuth Karasek (mit dem ich damals eine Nacht das Hotelzimmer teilte) – sie alle erschienen mir, dem lyrischen Wurm im Nobody-Staub, wie riesige, blauschwarz gefiederte, laut krächzende Raben, von denen einer mich bald aufpicken und verschlingen würde. Es kam schlimmer: Sie schauten fast alle ziemlich desinteressiert an mir vorbei. Ich hatte es ja geahnt: »Woher die Feinde nehmen / wenn ich keinem groß genug bin / für seinen Haß« – buchstäblich während ich diese Zeilen vorlas, wurden sie für mich gültig.

Fried fand sie immerhin so interessant, daß er sie laut wiederholte, doch Reich-Ranicki sagte, das sei keine Lyrik, sondern ein Aphorismus, woraufhin Fried, der Aphoristiker, protestierte. Und damit hatte es sich.

16 Jahre später erschien mir der Riesenrabe Reich nicht mehr ganz so bedrohlich. Er war plötzlich mein Kollege auf demselben Flur – in der Feuilletonredaktion der »Frankfurter Allgemeinen Zeitung«. An unsere Begegnung in Princeton konnte er sich gottlob nicht mehr erinnern. Einem bei der Gruppe 47 ziemlich gescheiterten Lyriker, mit dessen Füllfederhalter sich ausgerechnet der Reich-Hasser Peter Handke die Stichworte einer – später berühmt gewordenen – Schmährede auf die »Beschreibungsimpotenz« notiert hatte, hätte er wohl kaum die Interpretation eines Goethe-Gedichts für seine »Frankfurter Anthologie« anvertraut – was er dann ja tatsächlich getan hat. Geradezu liebenswert fand ich ihn zu der Zeit. Ein liebenswerter Kollege blieb er dann auch, selbst wenn er ab und zu meinte, um der Bestätigung seiner Autorität als Literaturchef willen die foxtönende Nervensäge spielen zu müssen (»Nehmen Sie bitte diese Meldung auf der ersten Feuilletonseite mit! Und keine Zeile wird gekürzt! Haben Sie verstanden?!«). Gut neun Jahre später, im Sommer 1991, begann für mein Reich-Ranicki-Bild abermals eine neue Epoche – die dritte. Ich war, auch dank einer Fürsprache von ihm, Kulturressortleiter beim SPIEGEL in Hamburg geworden und fortan jemand, der – zumindest formal – mit ihm, dem Großkritiker, einigermaßen auf gleicher Augenhöhe telefonieren, reden, verhandeln, jubeln, nörgeln oder gar schimpfen durfte. Ich durfte ihn sogar geringfügig kürzen und redigieren, was, wenn es wirklich passierte, in

der Regel von ihm akzeptiert wurde – wie es sich für einen echten, einen professionellen Star ohne Starallüren gehört. Im Juni 1994 wurde das im wesentlichen freundschaftliche, legere Arbeitsverhältnis zwischen ihm und mir auf eine harte Probe gestellt: In einem ausführlichen Interview, das Volker Hage und ich damals mit Reich-Ranicki für den SPIEGEL geführt haben, ging es um die Rolle des Kritikers als »Hauptmann« des polnischen Geheimdienstes in London während der Jahre 1948 und 1949. Hage und ich mußten ihm unangenehme, zudringliche Fragen stellen, etwa nach seinem Decknamen oder nach dem Inhalt seiner dienstlichen Berichte über Exil-Polen in England. Das waren wir unserem journalistischen Ehrgeiz schuldig, es wurde auch von der Chefredaktion ausdrücklich gewünscht. Bei der einen oder anderen Nachfrage von mir fühlte sich Reich-Ranicki dann aufs unangenehmste »verhört« – beinahe wäre das Gespräch gescheitert. Am Ende hat er es aber autorisiert. Und nachhaltig übelgenommen hat er, so scheint mir, die ganze Geschichte auch nicht – sonst hätte er nicht in den Jahren danach immer wieder für den SPIEGEL geschrieben und es gewiß bei den verschiedensten Anlässen peinlich vermieden, mich, am Telefon wie in natura, mit seinem herrlichen Rabengelächter zu erfreuen. Er hat es nicht vermieden. Er ist eben kein Übelnehmer, der bloß brillant austeilt, aber selbst nichts einstecken mag. Von den drei Reich-Ranickis, die ich bisher kennenlernen durfte, ist mir dieser der liebste – bei allem Respekt vor den anderen beiden.

Das Erlebnis der Literatur
von Gerhard Schröder

Begegnungen mit Marcel Reich-Ranicki, dem Doyen der deutschen Literaturkritik, waren für mich, ganz unabhängig von den je verschiedenen Anlässen, stets etwas Besonderes.

Ob im direkten Gespräch oder als interessierter Zuschauer des »Literarischen Quartetts« – immer hatte ich den Eindruck, daß es nicht möglich ist, sich der Wirkung und Ausstrahlung dieses begnadeten Meisters der Selbstinszenierung, und das sage ich als Politiker voller Hochachtung, zu entziehen.

Wenn es dafür noch eines Beweises bedurft hätte, so lieferte ihn Marcel Reich-Ranicki bei einer öffentlichen Veranstaltung Ende Februar 2005 im Bundeskanzleramt. Gemeinsam mit 200 weiteren Gästen verfolgte ich auf den Steinstufen der sogenannten Sky-Lobby eine kurzweilige und unterhaltsame Diskussion zwischen dem Literaturkritiker und dem Lyriker Durs Grünbein.

Das vorgegebene Thema »Europa als Text« beleuchteten die beiden Diskutanten aus den unterschiedlichsten Perspektiven, nicht unbedingt im Streit, dafür um so kenntnisreicher, pointierter und mit bestechender intellektueller Brillanz.

Grünbein und Reich-Ranicki disputierten und philosophierten, daß es eine Freude war. Ihre Argumente waren begründet, die Positionen wohl durchdacht, die Stellungnahmen eloquent vorgetragen. Doch als mindestens so aufschlußreich und beeindruckend wie die eigentliche Diskussion empfand ich den Subtext, der sich in der Interaktion der beiden Protagonisten offenbarte.

Mit Gerhard Schröder und Siegfried Unseld, 2000

Wie selbstverständlich zentrierte sich das Gespräch um Marcel Reich-Ranicki. Mit einer schier überwältigenden Bildung, mit Esprit, Witz, Charme, Humor und Ironie bescherte er uns Zuschauern und Zuhörern einen launigen und unvergeßlichen Abend. Es war der Auftritt eines unvergleichlichen Selbstdarstellers, der mit machtvoller Rhetorik bestätigte, warum Reich-Ranicki in der Literaturkritik unseres Landes seit Jahrzehnten ohne Vergleich ist. Der allen Selbstverliebtheiten und Koketterien zum Trotz spüren ließ, wie sehr diesem Mann Literatur, deutsche und europäische zumal, Herzensangelegenheit und Lebenselixier ist.

Marcel Reich-Ranicki, in Włocławek an der Weichsel geboren, besuchte in Berlin die Schule, ging nach der Machtergreifung der Nationalsozialisten in sein Heimatland Polen ins Exil, floh aus dem Warschauer Ghetto, überlebte den Krieg in einem Versteck bei einer polnischen Familie.

Und eben aus dieser Zeit berichtete Reich-Ranicki den gebannt lauschenden Zuhörern im Kanzleramt. Wie er allabendlich aus Werken der Weltliteratur vortrug, rezitierte und nacherzählte und dafür gewissermaßen als Gegenleistung die zum Überleben unverzichtbaren Lebens- und Nahrungsmittel erhielt.

Mich hat diese Schilderung in doppelter Weise angerührt. Zum einen vermittelte Reich-Ranicki eine Vorstellung von den kaum zu beschreibenden Ängsten, Unsicherheiten und Schwierigkeiten, unter den Bedingungen der Illegalität in dem von den Nazis besetzten Polen zu überleben.

Zum anderen erinnerte mich diese sehr persönliche Reminiszenz an die ursprüngliche Funktion antiker Literatur, die weitgehend als Ansprache ans Publikum konzipiert war, als Fortsetzung des Gesprächs mit anderen Mitteln, wenn man so will.

Die ganze magische Kraft der Sprache erschließt sich eben nur über beide Aneignungsweisen, über das Sehen/Lesen und über das Hören. Weil, wie James Joyce so trefflich bemerkte, »die Wörter, die der Leser sieht, nicht die Wörter sind, die er hören wird.«

Marcel Reich-Ranicki ist ein Virtuose der Sprache, der es versteht, andere Menschen durch seinen Vortrag in seinen Bann zu schlagen. Seine Liebe zur Literatur hat sein ganzes Leben geprägt, über alle biographischen Stationen hinweg. Eine Liebe, die ihm Kraft gegeben hat zu diesem einzigartigen Leben. Eine hingebungsvolle und uneingeschränkte Liebe. Eine Leidenschaft, die sich auf jeden Zuhörer überträgt, sobald Reich-Ranicki über Literatur spricht, deklamiert oder doziert. Weil Reich-Ranicki selbst ein Erlebnis ist, hat er vielen Menschen einen Zugang ermöglicht zum wunderbaren Erlebnis der Literatur. Und das ist eine Leistung, für die man ihm, dem Kritiker, dem Grantler, dem Enthusiasten, dem Besessenen, gar nicht dankbar genug sein kann.

Unter Känguruhs
von Gerhard Schulz

Wir haben Marcel Reich-Ranicki damals am Flugplatz in Melbourne abgeholt, Bertram Werwie, der Leiter des gerade eröffneten Goethe-Instituts, und ich. Etwas mehr als dreißig Jahre ist das her. Es war Herbst hier, und er hatte seinen Mantel in Hamburg zurückgelassen, denn Europäer glauben, daß Australien überall und stets ein warmes Klima besitzt. Aber es machte ihm nichts; es war eine Kleinigkeit, die uns aber zeigte, daß er kein schwieriger Besucher sein würde. Er war damals Mitarbeiter der ZEIT, und ich hatte ihn noch in Hamburg besucht, um ihn auf die Antipoden-Reise vorzubereiten. Jetzt nun aber war er gerade im Begriff, an die »Frankfurter Allgemeine« als Literaturchef zu gehen. Was würde das bedeuten? Von Anfang an gab es zu fragen, zu erzählen, zuzuhören, und es gab auch beträchtliches gemeinsames Vergnügen, ehe noch die Autofahrt vom Flughafen zur Stadt zu Ende war.

Jenseits der Literatur existiert jedoch für Gäste Goethes auch ein Besucherprogramm. Das lautet: Wer nach Australien kommt, bedarf der Känguruhs, sodann des Schnabelsäugetiers, Platypus genannt, und außerdem des Kookaburras, jenes schönen Verwandten des Eisvogels, den nicht gesehen zu haben ein paar Jahre vorher Siegfried Lenz betrübt hinnehmen mußte. Seiner Enttäuschung hatte er damals in der ZEIT Ausdruck gegeben, was australischen Gastgebern deutscher Autorinnen und Autoren für alle Zeiten die Freuden einer schweren Pflicht auferlegt hat. So haben wir denn auch irgendwann Marcel Reich-Ranicki zu den Känguruhs gefahren. Man muß dabei bedenken, daß manche der akademischen Touristen, insbesondere englische, gelegentlich eine stupende Kenntnis von Fauna und Flora sowie deren Erscheinungsformen und Fortpflanzungsmethoden besitzen und sich für nichts brennender interessieren als für ebendies. Literarische Fachsimpelei ist da nicht der feine Ton. Anders diesmal. In der Kulturgeschichte der Känguruhs wird jener Tag als ein Markstein bezeichnet werden, an dem wir mit unserem Gast vor ihnen standen und sie mit ihren spitzen Ohren zum erstenmal Wörter wie Böll, Lenz, Koeppen, Bachmann, Grass oder Thomas Mann hörten. Auch Namen wie Walser und Handke fielen, wobei beobachtet worden sein soll, daß einige der älteren Tiere mit ihren großen dunklen Augen aufsahen und ebenfalls die Köpfe schüttelten. Man sage jedenfalls nicht, daß Känguruhs keine feinfühligen Wesen seien und keinen guten Geschmack für Literatur, sogar deutsche, besäßen. Nach diesem Besuch haben wir immerhin das Schnabeltier und den Kookaburra auf sich beruhen lassen. Was ich also sagen wollte: Wo er ist, ist die deutsche Literatur. Und dafür waren und sind wir ihm herzlich dankbar.

Einiges ist hinzuzufügen. In seine eigenen Bücher schreibt er gelegentlich den Beschenkten als Widmung, er habe viel von ihnen gelernt. Das ist eine freundliche Geste, aber zugleich sehr ernstgemeint, denn er hat sich die Offenheit für Neues immer bewahrt. Besonders dies kann man von ihm lernen, aber überhaupt so vieles, nicht nur über Literatur. Irgendwann überrascht zum Beispiel im Gespräch mit ihm das Lob der »Meistersinger«, und zwar nicht nur ein enthusiastisches, sondern auch ein fachkompetentes. Und hat er uns, die für ihn schreiben durften, nicht durch eine strenge Schule des Stils wie des Geschmacks gehen lassen, von derjenigen der Lebensweisheit über die Eitelkeit der Autoren und über die Risiken des Rezensierens einmal ganz abgesehen? Ja, wir haben von ihm viel gelernt und lernen noch immer.

Telefongespräch, ebenso fiktiv wie authentisch von Wulf Segebrecht

»Jaaa, sagen Sie mal, Lieber, haben Sie Uhland?«

»Aber selbstverständlich! Ohne Uhland geht es nicht!«

»So denken alle Germanisten. War er wirklich ein bedeutender Lyriker?«

»Was haben Sie von Uhland? Ich nehme an: Die Kapelle.«

»Ja: Die Kapelle. Ich hatte sie. Aber nun habe ich sie zusammen mit ihrem Hirtenknaben wieder gestrichen. Sie wissen ja: ich muß die Anthologie um fast ein Drittel kürzen. Eine leidvolle Erfahrung, kann ich Ihnen sagen!«

»Da haben Sie es besser.«

»Ich kann in meinen Kanon so viele Gedichte aufnehmen wie ich will. Es gibt keine Begrenzung nach oben. Aber die Auswahl ist trotzdem oder gerade deshalb sehr schwierig. Müssen z. B. die ›Carmina burana‹ sein?«

»Unbedingt! Denken Sie an O fortuna / velut luna / statu variabilis?«

»Das Lateinische versteht doch heute kein Leser mehr. Das muß man übersetzen.«

»Es gibt auch zweisprachige Gedichte in den ›Carmina burana‹, halb mittelhochdeutsch, halb lateinisch – wollen Sie die auch übersetzen?«

»Dann geht doch die Zweisprachigkeit verloren!«

»Das muß man hinnehmen. Aber sagen Sie mal: Wie viele Gedichte haben Sie denn von Goethe? Kein unbegabter Lyriker übrigens.«

»Ich hatte 29. Nun, nach der Kürzung, sind es noch 20. Ich trauere jedem Gedicht nach, das ich streichen mußte.

Stellen Sie sich vor: Eine Anthologie deutscher Lyrik ohne ›Erwache Friedericke‹! Bei mir übrigens mit ›ck‹ geschrieben.«

»Friedericke? Was soll das?«

»Sie wissen doch: Der Clou meiner Anthologie besteht darin, daß alle Gedichte in der Schreibweise der jeweils zeitgenössischen Drucke erscheinen.«

»Sie wollen also unter allen Umständen verhindern, daß jemand die Gedichte auch lesen kann, die Sie ausgewählt haben.«

»Natürlich nicht. Im Gegenteil. Ich möchte, daß der Leser den historischen Abstand bemerkt, der zwischen ihm und einem Gedicht aus dem 17. Jahrhundert besteht.«

»Das ist wieder ganz germanistisch gedacht. Aber apropos Friederike, sagen Sie mal: Was mache ich mit Friederike Mayröcker?«

»Es gibt auch verständliche Gedichte von ihr.«

»Wirklich? Zum Beispiel?«

»Kennen Sie ihre übermütigen Kindergedichte aus dem Band ›Zittergaul‹?«

»Ich merke schon: Sie wollen mich prüfen.«

»Gott bewahre! Und was machen Sie mit Fontane?«

»Warten Sie mal! [Es ist ein Klappern auf der Tastatur des Rechners zu hören] Da, ich hab's: ›Ja das möchte ich noch erleben‹?«

»Na ja.«

»Oder: Es kribbelt und wibbelt?«

»Also ich bitte Sie! Eigentlich ist er kein Lyriker. Balladen? Gut, die kann er hervorragend. Aber ich nehme ja keine Balladen auf. Sie?«

»Ja, Balladen auch. Was wäre z. B. der Lyriker Schiller ohne seine Balladen? Immerhin gibt es ›Das Lied von der Glocke‹, für dessen Erhalt Sie sich gegen Enzensberger vehement ausgesprochen haben. Und ›Die Götter Griechenlandes‹ und die ›Nänie‹ und ›Die Künstler‹; aber über seine Balladen geht doch nichts. ›Die Kraniche des Ibykus‹ – glänzend!«

»Und was sagen Sie zum Reiterlied?«

»Sie meinen das Lied aus dem ›Wallenstein‹? Abscheulich! Eine leichtfertige Aufforderung, in den Krieg zu ziehen. – Im Felde, da ist der Mann noch was wert? Nein!«

»Ganz im Gegenteil: Das Lied entlarvt gerade diese Kampfbereitschaft als Leichtfertigkeit. Es zeigt: Die in den Kampf ziehenden Reiter besitzen ein völlig falsches, nämlich inhumanes Selbstverständnis.«

»Ich glaube Ihnen kein Wort, bis Sie mir das Gedicht Zeile für Zeile erklärt haben. Am besten machen Sie es gleich für die Frankfurter Anthologie. Oder ist es zu lang dafür?«

»Es hat exakt 42 Zeilen. Wie die Grenzen der Menschheit, die ja auch die Grenzen der Frankfurter Anthologie markieren.«

»Also gut! Machen Sie das. Aber bitte bald. Ich möchte im Schillerjahr einen ganzen Monat lang nur Gedichte von Schiller interpretieren lassen.«

»Ich will's versuchen. Aber ich muß auch an meine Anthologie denken, die Sie leider für unlesbar halten.«

»Sie werden schon recht haben mit Ihrer Orthographie. So etwas muß es auch geben. Also: Kopf hoch! Adieu.«

Kritik und Kanon
von Hans-Joachim Simm

Vor wenigen Jahren bin ich Marcel Reich-Ranicki zum erstenmal zu einem Arbeitsgespräch begegnet. Kurz zuvor war jene »Spiegel«-Titelgeschichte erschienen, in der er eine Lektüreliste für die Schule aufgestellt hatte. Ich rief ihn daraufhin an, um ihm den Vorschlag zu machen, daraus eine Buchausgabe zu entwickeln. Nur wenige Augenblicke zögerte er (»Wie soll das denn aussehen, mein Lieber? Ich glaube, Sie verstehen nicht den Unterschied zwischen einer Vorschlagsliste und einer Buchreihe! Was sagt denn Siegfried Unseld dazu?«). Aber unmittelbar danach war er begeistert – eine Begeisterung, die ich zwar erhofft, aber nicht erwartet hatte und die mich wiederum ansteckte, auch wenn die milde Ironie nicht zu überhören war: »Das ist eine bedeutende Idee. Wir müssen uns treffen.«

Einige Tage später trafen wir uns, um ein erstes Konzept zu besprechen, und nach ein paar Wochen stand fest: Es konnte nicht nur um die klassischen literarischen Gattungen Epik (mit Romanen und Erzählungen), Lyrik, Dramatik gehen – eine Reich-Ranicki besonders nahe, ja seine geradezu genuine literarische Form durfte nicht fehlen: die Essayistik. (»Eine so große Sammlung deutscher Essays von Luther bis heute hat es noch nicht gegeben!«)

Ein Dreivierteljahr später erschien eine Buchkassette mit zwanzig Romanen; vorausgegangen waren Diskussionen über die Auswahl der Autoren und Werke (»Jean Paul? Kein schlechter Autor, aber wer wird ihn heute noch lesen können? Ich kann Ihnen auch eine Liste mit vierhundert Romanen geben, aber wer wird sie alle lesen wollen?«). Dazwischen gab es auch, als ein läßlicher Fehler passierte, sogar ernsthafte Differenzen (»Sie müssen Ihr Etablissement in Ordnung bringen!«). Siegfried Unseld, dem ich die ersten Bände des Romankanons noch zeigen konnte, war fest vom Erfolg der von seinem Freund herausgegebenen Edition überzeugt.

Die öffentlichen Präsentationen, die Vorträge, die Reich-Ranicki, ohne Manuskript, mit stupender Präzision und immer mitreißend, nach Erscheinen des ersten Kanonteils hielt, glichen Triumphzügen; der Zauberer hatte sein Publikum, selten weniger als tausend Zuhörer, viele junge Leute, Schüler und Studenten, fest in der Hand. Und genauso war es nach Erscheinen der Erzählungen und der Dramen.

Beeindruckt haben mich der Enthusiasmus und die Kraft, mit der Reich-Ranicki über mehrere Jahre diesen Kanon der deutschen Literatur erarbeitet hat. Die gelegentlichen Vorwürfe (»Mein Lieber, meine Gesundheit interessiert Sie gar nicht. Ich arbeite unentwegt für Sie, aber was tun Sie für mich?«) nehme ich ernst, weiß aber, daß ihm selbst der Kanon eines seiner wichtigsten Projekte ist, als Summe seiner Belesenheit und Kenntnis, seiner literarischen Kritik und vor allem seines Wunsches, daß die deutsche Literatur, die ihm wie Heine das »portative Vaterland« ist, die klassische und die moderne, auch von der nachfolgenden Generation gelesen werde. Und dazu ist der Kanon Marcel Reich-Ranickis Empfehlung.

Die Nacht nach dem letzten »Literarischen Quartett« von Hubert Spiegel

Es war am 14. Dezember 2001. Nach vierzehn Jahren, siebenundsiebzig Sendungen und vierhundert besprochenen Büchern kam das »Literarische Quartett« zum letzten Mal zusammen. Auf Einladung des damaligen Bundespräsidenten Johannes Rau wurde die Sendung aus seinem Berliner Amtssitz übertragen, dem Schloß Bellevue. Im Vergleich zu heutigen Literatursendungen, die alle viel zu kurz sind und es kaum auf eine halbe Stunde bringen, war das »Literarische Quartett« unglaublich lang. Danach fand noch ein Empfang statt, und als sich der Abend seinem Ende zuneigte, war es weit nach Mitternacht. Marcel Reich-Ranicki, seine Frau Tosia und ich gingen mit einigen anderen zum Ausgang. »Ach, mein Lieber, Sie können sich nicht vorstellen, wie müde ich bin. Jetzt schnell ins Hotel, schnell, schnell!«

Kein Zweifel, Marcel Reich-Ranicki war erschöpft. Der Abend hatte ihn angestrengt, erst die Sendung, dann die Gespräche mit zahllosen Gästen, darunter alle früheren Teilnehmer des »Quartetts«. Nun gingen wir die Treppen hinunter, langsam, sehr langsam sogar. Müde schlichen wir durchs Foyer, Marcel Reich-Ranicki hatte die Augen halb geschlossen, er blickte zu Boden, wollte von nichts und niemandem mehr aufgehalten werden. Als wir nach draußen kamen, fuhr mir ein Schreck durch die Glieder: Zwei, drei Dutzend Menschen standen dort, frierend, müde, verärgert. Es gab keine Taxis. Nicht eines war zu sehen. Die Herren bemühten eifrigst ihre Mobiltelefone. Vergeblich. Die Mienen der

Damen hatten sich umwölkt. Schneeregen setzte ein. »Gehen Sie und Ihre Frau doch wieder ins Foyer, setzen Sie sich noch ein paar Minuten auf das schöne Biedermeiersofa, ich besorge ein Taxi.« Das wollte ich sagen, aber es kam nicht dazu. Denn als ich den Mund aufmachte, gellte ein infernalischer Schrei durch die Nacht, der alle zusammenfahren ließ. Neben mir stand, funkensprühend, kerzengerade, gebieterisch, Marcel Reich-Ranicki, der mit Stentorstimme ein einziges Wort herausgebrüllt hatte: »Taxiii!«

Vor meinem geistigen Auge sah ich nun, wie alle Droschkenkutscher Berlins sich in Bewegung setzten. Sie sprangen aus ihren Betten und warfen die Motoren an. Sie ließen ihr Bier auf der Theke stehen und stürzten aus der Kneipe, sie warfen ihre Fahrgäste aus dem Fond und wendeten ihre Limousinen. Kurven wurden geschnitten, rote Ampeln ignoriert. Es war eine wilde, verwegene Jagd.

Und tatsächlich, noch in derselben Sekunde löste sich ein Wagen aus dem Dunkel hinter dem Vorplatz, rollte gemächlich übers Pflaster und hielt vor der Treppe. Marcel Reich-Ranicki und seine Frau schritten durch die wartende Menge. Jemand öffnete den Wagenschlag, er drehte sich noch einmal um, bevor er einstieg. Er lächelte. Dann hob er die Hand zum Abschiedsgruß, die Türen schlossen sich, und der Wagen verschwand im Dunkel der toten Stadt.

Was danach geschah, konnte nie ganz geklärt werden. Natürlich kam kein Taxi mehr. Es hatte nur diesen Wagen gegeben, es war der einzige, und er mußte wohl gewartet haben, den ganzen Abend schon, auf ihn, den einzigen. Die Menge, die bis dahin zusammengedrängt vor dem Eingang des Palais gestanden hatte, zog nun zur Straße. Dort blieben die einen willenlos stehen, andere wandten sich nach links, wieder andere nach rechts, um ihren Fußmarsch durch die öden Straßen der Hauptstadt zu beginnen. Von manchen, so hieß es später, habe man nie wieder gehört.

Unter der Kruste
von Hansjakob Stehle

Eine seltsame erste Begegnung war das damals im Winter 1957/58 in der trübe beleuchteten, etwas verschlissenen Plüschpracht des Warschauer »Bristol«-Cafés. Dieser *Marceli Ranicki,* der mich etwas spöttisch – oder war es mitleidig? – musterte und zugleich in dozierendem Staccato mit seiner Gescheitheit, seiner Gewißheit über Polens ungewisse Lage, auf mich einredete – er sprach ein geradezu penetrant korrektes Deutsch, das sogar in dem, was er sagte, eher preußisch als polnisch klang. Er schien an dem unerfahrenen jungen Mann, den die »Frankfurter Allgemeine« als ihren ersten Korrespondenten nach Polen geschickt hatte, sofort Interesse zu haben – wohl auch, weil bei mir diese Zeitung, die in Warschau schwer zu haben war, zuweilen im Streifband ankam ...

Ludwig Zimmerer, der kurz vorher von der »Welt« als Korrespondent angeheuert und so aus der unbequemen Lage eines enttäuschten, in Warschau gestrandeten »katholischen Marxisten« befreit worden war, hatte mich auf diesen »ehemaligen Kommunisten« Ranicki aufmerksam gemacht: er heiße eigentlich *Marcel Reich*, sei Berliner und wisse mit seinem »scharfen jüdischen Intellekt« nicht nur deutsche Literatur zu deuten, sondern auch polnische Politik. Vor allem diese versuchte ich in jenem zweiten Jahr nach der »Oktober«-Entstalinisierung durch Gomulka zu begreifen. »Verwirrend sind die Impressionen des Beobachters«, gestand ich in der F.A.Z.-Weihnachtsausgabe von 1957 und berichtete, die Polen schwankten zwischen Resignation und Hoffnung, aber es gebe auch »Pessimisten, die befürchten, ein neuer Eishauch werde die zarten Pflanzen des Oktober 1956 vernichten«.

Marcel gehörte zu diesen Pessimisten; mein gedämpfter Optimismus erschien ihm nicht nur deshalb »jugendlich«, weil er selbst etwas älter war; die siebenunddreißig Jahre seines Lebens und meine dreißig waren überhaupt unvergleichbar. Und es war diese seine bewegte, beklemmende Lebensgeschichte, die mich – als Historiker und Journalisten – in ihm den Zeitzeugen entdecken ließ. Und dann immer mehr – unter der oft verletzenden Kruste, die seine Verletzungen schützt – den Menschen, den Freund – bis heute.

Klagenfurt, Bachmann-Preis 1982
von Ulla Unseld-Berkéwicz

Ein Nachmittag auf einer Almwiese. Man trifft sich nach dem Literaturspiel des Morgens zur Übertragung eines Fußballspiels. Und obwohl es heißt, das Ballspiel stamme vom Kampf der Götter um den Besitz der Sonne, und obwohl Fußball inzwischen mit Hilfe von Kants Definition des Schönen durch die Literaturspieler in den Rang ästhetischer Erfahrung erhoben wurde und sie selber infolgedessen keine Scheu mehr haben, zu grölen und zu johlen und mit der Masse zu verschmelzen, wie ehedem, grölend und johlend, wünsche ich mir die Wiese, ihre Kühe und die Vögel ohne Tor. Meiner Freundin geht's wie mir. Ein Tor und noch eins, Grölen und Johlen. Die Kühe und die Vögel, die Freundin und ich wollen auf und davon. Ein Gleichgesinnter gesellt sich, lädt uns zum Abendessen an den nahen See. Er ist uns nicht geheuer, zuviel wird über ihn erzählt. Doch er ist höflich, wir sind hungrig, haben unser erstes Buch geschrieben und sind zum ersten Mal unter den Spielern hier.

Und als wir dann am See sitzen, und ich von all dem, was man sich erzählt, nichts wissen will, frage ich, weil ich ja sehen kann, daß der, der mit uns sitzt, das Überleben überlebt, nach seinem Überlebten. Ich frage jeden Überlebenden, ich bin es so gewohnt von Kindesbeinen, hörte das »überlebt« der Eltern, Onkeln, Tanten und der Besucher in meiner Eltern Haus, glaubte, die Welt bestünde nur aus solchen, die einzig in den Geschichten überleben, die sie überlebten, in ihren Überlebensklängen, Überlebensklagen. Entweder, hatte ich für mich herausgefunden, schwiegen sie und

Mit Ulla Unseld-Berkéwicz, 2005

schrien in der Nacht, oder sie hörten niemals auf, ihre Geschichten zu erzählen. Ich fragte sie, weil ich nicht wollte, daß sie schrien. Fast alle hatten kluge Harlekinsgesichter und große Ohren, durch die die Morgen- und die Abendsonne schien.

Der Kellner kommt, und wir bestellen Seefisch. Der bei uns sitzt, fängt zu erzählen an. Die Abendsonne scheint durch seine Ohren, der Fisch wird kalt, die Freundin hält sich fest an meiner Hand. Grölen und Johlen schallen von der Alm. Der bei uns sitzt, erzählt bis in die stille Nacht.

Am nächsten Morgen geht der iocus, das Wortspiel um Geschichten, weiter, der bei uns saß, der führt es an. Die Morgensonne scheint durch seine Ohren. Ich wünschte, er erzählte, statt zu spielen.

Anschwellende Bewunderung
von Rüdiger Volhard

Wie lange ist es her? Dreißig Jahre? Wohl nicht ganz. Wir waren eingeladen, und ich fand mich mit meiner Frau und einer Freundin an einem Vierertisch gegenüber von Marcel Reich-Ranicki.

Ich hatte damals keine gute Meinung von ihm; seinetwegen hatte mein Mitschüler Karl Heinz Bohrer die Leitung des Literaturblatts der F.A.Z. verloren.

Das Ingangsetzen eines Tischgesprächs ihm zu überlassen kam mir nicht in den Sinn. Mit dem Thema Karl Kraus und Heine könnte ich ihn etwas reizen, dachte ich mir. Mit Recht, wie sich zeigte. Ich zitierte, was ich an abschätzigen Kraus-Sentenzen parat hatte: daß Heine, ursprünglich für den Kaufmannsstand bestimmt, sich später tatsächlich der Literatur widmete; daß er im tiefsten Einverständnis mit dem, was das Publikum wünschte, ihm lieferte, was es aus Zeitmangel nicht selber dichtete; daß er der deutschen Sprache so sehr das Mieder lockerte, daß jeder Kommis an ihren Brüsten fingert; daß er das deutsche Feuilleton verschuldete; daß man Heine hatte wie die Masern usw.

Er billigte nichts davon und hielt andere Zitate dagegen – mit der Geduld eines unermüdbaren Pädagogen, freilich nicht ohne auf den Beifall des kleinen Publikums zu zielen. Von Verärgerung oder auch nur Gereiztheit keine Spur, in geübter Streitbereitschaft und ohne die mindeste Lust, sich beim Nachgeben ertappen zu lassen. Zugleich von einer, ich kann es nicht anders sagen, bestrickenden Höflichkeit.

Abschreckende Beispiele (»Mein Fräulein, sei'n Sie munter«), ihn schreckten sie nicht ab. Die Heine-Parodie des Nestroy-Satzes »Ich hab' einmal einen alten Isabellenschimmel an ein' Ziegelwagen gesehn. Seitdem bring ich die Zukunft gar nicht mehr aus dem Sinn« von Karl Kraus: »Wie schön war mein Leben früher / Heut' muß ich den Wagen ziehn / O alter Zeiten Gewieher / Dahin bist Du, dahin. Der Wagen aber sprach munter / Das ist der Welten Lauf / Geht der Weg einmal hinunter / So geht er nicht wieder hinauf« fand er, wenn ich mich recht erinnere, sogar ein nicht einmal ganz schlechtes Heine-Gedicht. Es war hoffnungslos.

Ich brachte die Sprache auf die verräterische Vertonbarkeit der Heine-Lyrik und die seltsame Nobilitierung seiner Kalauer durch Schumann (»Wißt ihr, warum der Sarg wohl so groß und schwer mag sein? Ich senkt' auch meine Liebe und meinen Schmerz hinein«), wogegen er u. a. »Ein Jüngling liebt ein Mädchen« anführte. Er kannte sich aus.

In der Hitze des Zitatentauschs drohte allerdings die Rollenverteilung durcheinanderzugeraten, so daß ich ihn schließlich daran erinnern mußte, daß gegen Kraus er war, für ihn dagegen ich.

Er zeigte sich bereit zu jeder Geduld, aber nicht zum Nachgeben. Und so entschloß ich mich, ihn sympathisch zu finden. Dafür bin ich mir dankbar. Ich habe im Lauf der Jahre viel von ihm profitiert, von seinem Wissen und von der sich bald einstellenden Freundschaft, die aufrechtzuerhalten wegen der Berufsverschiedenheit nicht schwer war: Er hatte keinen Anlaß, mich je zu kränken, ich keinen, mit meiner Sympathie zu geizen und mit meiner bis heute

In einem freien Land
von Peter Voß

Der große Meister – mir erscheint er groß
wie wenige, wenn er das Wort
ergreift – er läßt es ungern los,
was unsereinen, der es selbst begehrt,
nicht übermäßig stört, denn selten war
ein Zweifel an der Überlegenheit
des Redenden, da wäre es Verwegenheit
und chancenlos gewesen, ihm sofort
ins Wort zu fallen, das ist allen klar.
Nun: Der verehrte Meister hob den Finger
– wir hatten bestens schon getrunken und gespiesen
in jenem Haus hoch überm Tal der Oos,
und die uns mehr als Speise bot und Trank,
die ihre Freundschaft gab, sie sei gepriesen,
als wäre sie noch da und hörte unsern Dank.
Der Meister, wie gesagt, erhob den Finger,
um endlich einmal allen zu erklären –
doch damit brach der Streit erst los:
Es ging, wie oft, um Walser, ging um Fest und Jünger,
um Leute auch von minderer Bedeutung,
wenngleich notiert in jener großen Zeitung,
in welcher er, der Meister, ohnehin Verbreitung
zu finden pflegt, der uns nun klar belehrte,
wem seine Gunst auf jeden Fall verwehrt sei,
weil dessen Urteilskraft doch wohl gestört sei,
was zu der Frage führte – denn wir stritten weiter –,
ob die Nation, so sehr sie auch entehrt sei,

was zu beschönigen natürlich grundverkehrt sei,
nicht dennoch heute wieder etwas wert sei
und mehr als einen Schuldkomplex bedeute.

Wie wir's auch wenden – es war grandios,
wie er, der Sprachgewaltige, die Blitze
des Zornes schießen ließ und manche Spitze
ins Reden fließen ließ, um plötzlich heiter
mit einem Scherz zu enden.
Wir andern aber hielten tapfer gegen,
wenn auch im Ausdruck eher unterlegen,
und beide Seiten schienen unermüdlich,
und so auch ich, es ging dabei, nun ja,
recht lebhaft zu, wenn auch am Ende friedlich.
Zwar blieb, was jeder dachte, durchaus unterschiedlich,
doch er, die Schlacht endgültig nun beschließend
und das Gesagte dann mit einem Schluck
vom roten Wein begießend, gab sich einen Ruck
und sprach mir zu: »Nun gut, mein Freund, wir leben,
in einem freien Land –«
und wollte so mir zu verstehen geben,
mein Unsinn sei erlaubt, doch Unsinn eben.
Ich dachte: Immerhin, er hat es anerkannt,
es ist ein freies Land – man weiß, er sah
wohl lange Anlaß, sich besorgt zu fragen:
Wird diese Freiheit dauern, kann sie halten,
wird sie nicht wieder fallen, wenn Gewalten,
schon totgesagte, wieder Flagge zeigen,
was mancher anklagt, während andere schweigen?
Ich dachte mir: Er muß es mir nicht sagen,

ob er mein dauerhaft, so denk ich, freies Land,
auch lieben kann und nicht mehr nur ertragen.
Denn das – nach allem, was geschah – ist seine,
nur seine Sache, denk ich, und nicht meine.

Begegnung, con moto
von Peter Wapnewski

Begegnungen: Ungezählte über wohl vierzig Jahre hin. Anläßlich von Einladungen, privaten und professionellen; gemeinsamen Auftritten vor Kamera und Mikrophon. Am gastlichen Tisch in vielen Häusern, auch dem unseren: So in Hamburg, in Gernsbach, in Baden-Baden, in Frankfurt, in München, in Berlin. Es begann wohl mit einer Tagung der Gruppe 47, Marcel in der ersten Reihe, aber den Hintergrund immer im Blick. Im Verein mit den anderen urteilsfrohen Stimmen von Joachim Kaiser und Reinhard Baumgart und Fritz J. Raddatz und Walter Jens kritische Schneisen schlagend in das zuweilen sperrige, zuweilen plane Gelände poetischer Selbstdarstellungen. Verirrte Debütanten heut, virtuose Klassiker morgen. Im gleichen Rahmen auch noch nach dem finalen Akt der Gruppe in der »Pulvermühle« 1967. Danach war sie zwar immer noch sie selbst, aber nannte sich nicht mehr so, denn in sich selbst wollte sie nach dem Willen des Prinzipals Hans Werner Richter erst sein, wenn die Tschechen, wenn Prag wieder frei waren. So aber kamen wir gewissermaßen etwas außerhalb der Identität zusammen in Saulgau oder vor allem im Richter-Haus, das heißt im Fischer-Haus: Berlin-Grunewald, Erdener Straße Ecke Gneiststraße (und der Deckname war »Hasensprung«). Genährt und getränkt in jeglicher Beziehung.

Und immer war die Begegnung buchenswert – eine aber soll hier für die andern stehen, und auch für sich selbst:

Das war 1990 im sogenannten Westdeutschland, als Marcel 70 Jahre alt wurde. Das Fernsehen hatte ihm die Feier ausgerichtet, im schönsten aller deutschen Hotels: im »Brenner« zu Baden-Baden.

Wohl ein halbes Hundert Gäste war versammelt, und sie standen, weil es nicht zu umgehen war, den Kameras nach bestem Vermögen Rede und Antwort. Es ging aber nur um ihn, denn es war sein Tag. Und mancherlei Auftritte waren angestrengt inszeniert, irgend jemand meinte witzig zu sein, indem er die Artikulations- und Sprechweise des Jubilars gequält nachahmte, schal parodierend. Und nicht minder entbehrlich waren die moderierenden Interview-Passagen, die aufs albernste etwa den Frühlings-Termin und die Liebe und die ihnen gemäßen Gefühle durch die Lüfte flattern ließen.

Der Garten, ein Park eher, blühte, und darin war ein weißer Steinway aufgebaut, seine Tasten meisterte eine goldblonde Beauté, und sie spielte Tristan-Klänge, schwarze Wonnen der Chromatik. Ein lebendes Bild im vollendeten Jugendstil-Stil, es hätte von Fidus sein können, und beinahe von Klimt.

So führte denn der Abend zu Wagner – und, wie nicht, auch zu dessen peinlichen Charakterzügen und seinem unappetitlichen Antisemitismus. Ein Wort gab das andere und nahm das nächste, und eine tadelnde Schmähung übertraf die andere, und die Lust des wohlfeilen Verdammens gefiel sich in braver Selbstzufriedenheit. Marcel aber schwieg. Schwieg bis zum Ende des einfältigen Raisonnements, und das Ende setzte er. Mit leiser Stimme, samten singend, ja fast säuselnd resümierte er: In der Tat: Es habe sehr viel bessere Menschen gegeben als diesen Wagner. Großmütigere, gütigere, tolerantere, politisch gescheitere, noblere, kurz: auf zunehmenden Bewunderung. Seit Jahren bilde ich mit meiner Frau einen Fanclub von bewährter Stabilität.

Lieber Marcel, möge es noch lange so bleiben!

mannigfache Weise wertvollere: Nur – unter uns: Keiner von ihnen habe den »Tristan« komponiert …

Tableau! So ging der Abend zur Neige, als es tiefe Nacht war. Und inmitten all der lobenden preisenden erhebenden Worte hatte er das klügste gesagt und das schönste; und inmitten all der ihn ehrenden Worte jenes, das ihn selbst am höchsten ehrte.

Ein fruchtbarer Verriß
von Matthias Wegner

Am Anfang war der K.-o.-Schlag. Er traf den Siebenundzwanzigjährigen mit geballter, rhetorischer Wucht. Einige Tage lang brannten die Wunden, schäumte die Empörung. Ausgerechnet das erste (gemeinsam mit dem Literaturprofessor Egon Schwarz aus St. Louis, USA, herausgegebene) Buch hatte den Niederschlag ausgelöst. Der Starkritiker der ZEIT hatte sich das opus primus, eine Anthologie mit Aufzeichnungen deutscher Schriftsteller im Exil, vorgenommen und sie, vor allem die Anmerkungen, nach allen Regeln der kritischen Kunst zerzaust. Ich empfand die Attacke als zutiefst ungerecht. Soviel Schmach über soviel gutgemeinte, langwierige Recherchearbeit – das mußte einen Debütanten verbittern.

Die Gelegenheit zum erregten Disput ließ nicht lange auf sich warten. Schon wenige Tage später sah ich den temperamentvollen Großkritiker in einem Hamburger Theater. Man schrieb das Jahr 1964, und es war in jener Zeit nicht schwer, im Umfeld des Hamburger Kulturlebens auf Marcel Reich-Ranicki zu treffen. Er lebte damals mit seiner Frau Tosia und seinem Sohn Andrew Alexander in einer engen Wohnung am Ubierweg in Hamburg-Niendorf und war längst *der* Star der literarischen Kritik. Ob im damals (tempi passati!) so bestechend anregenden Nachtprogramm des NDR oder in der ZEIT – seine Stimme, seine rigorosen Urteile und seine grenzenlos scheinende Belesenheit waren überall anzutreffen, auch bei vielen öffentlichen und privaten Begegnungen der hanseatischen Gesellschaft. Er selbst hat später seine Jahre an Alster und Elbe eher skeptisch beurteilt. Ich glaube, da unterschätzte er seine Strahlkraft. Die Hamburger, auch ich, bewunderten ihn maßlos.

Wir trafen also in einer Theaterpause aufeinander. Ich war noch zu zerknirscht, um sofort das Gespräch zu suchen, aber zum Glück war meine Frau an meiner Seite. Sie (im Sternzeichen des Löwen geboren) angelte sich den Scharfrichter und trug ihm vehement ihre solidarische Empörung vor. Wenige Augenblicke später erwuchs daraus ein amüsantes Gespräch zu viert. Wieder einmal waren es die Frauen, die die Lage entspannten und tragfähige Brücken bauten. Auch der Anteil Tosias an dieser Befriedung dürfte nicht gering gewesen sein.

Umstimmen konnte ich den Kritiker damals gewiß nicht. Aber aus der Begegnung im Theater entwickelte sich mit den Jahren eine enge Zusammenarbeit. Der K.-o.-Schlag hatte ein Wunder bewirkt: Ich begann, um- und nachsichtig angeleitet von des Meisters Hand (und Kritik!), für ihn und seine Zeitung zu schreiben. Die Öffentlichkeit kennt und feiert in Marcel Reich-Ranicki den literarischen Großinquisitor und den zum Lesen verführenden Enthusiasten – weniger bekannt ist, mit welch zärtlicher Fürsorge und Zuverlässigkeit der Redakteur seine Autoren behandelt. Viele von ihnen wissen ein Lied davon zu singen. Vielen von ihnen erging es wie mir: Aus der gemeinsamen Arbeit erwuchs eine kostbare Freundschaft. Oder war es umgekehrt?

Meine weiteren Bücher hat der Jubilar nicht mehr rezensiert. Eigentlich schade. Wie fruchtbar können »Verrisse« sein – wenn sie früh genug erfolgen.

Eine junoeske Erscheinung
von George Lord Weidenfeld

Am Tage der Veröffentlichung der Memoiren von Marcel Reich-Ranicki in London am 25. April 2001 besuchte mich der Autor im Büro und signierte einige Exemplare für die von ihm so beeindruckten Lektoren. Er saß ihm Nebenzimmer meines Büros, als eine junoeske Erscheinung mit flammend roten Haaren, einem Bündel von Zeichnungen in der linken und einem elegant verschnürten Paket eines luxuriösen Modegeschäfts in der rechten Hand, gefolgt von einer schüchternen Begleiterin, an seinem Schreibtisch vorbei ins Zimmer trat und ausrief: »Du mußt dir meine Zeichnungen für ein neues Kinderbuch anschauen. Sie sind die besten! Wer ist der Herr im Nebenzimmer? Er sieht so würdig aus.« Ich flüsterte: »Das ist ein berühmter deutscher Autor, der als der ›Kaiser der Literaturkritik‹ im Fernsehen gilt.« – »Das kann für mich auch wichtig sein, wenn ich mein neues Buch veröffentliche«, sagte sie und nahm sich ein Exemplar der Memoiren.

Am selben Abend bei einem Essen zu seinen Ehren fragte mich der Autor wie nebenbei: Wer war diese Walküre? Ich antwortete: »Das war Fergie, die Herzogin von York, und sie hat sich Ihr Buch mitgenommen.«

Zwei Tage später rief mich die schillernde ehemalige Schwiegertochter der Queen an und sagte: »Ich liebte die ersten zwei Kapitel und nehme mir das Buch als Lektüre für ein Wochenende in der Toskana mit.«

Als der Beredte verstummte
von Ulrich Weinzierl

Marcel Reich-Ranicki zu loben und zu preisen scheint, wenn man nicht ausgerechnet zu seinen eingefleischten Gegnern zählt, ziemlich leicht. Es bedarf nur einiger Superlative. Er ist, und das seit Jahrzehnten schon, zweifellos der berühmteste und einflußreichste Literaturkritiker unserer Tage. Seine Geistesgegenwart, ein Teil der rhetorischen Kraft, wirkt überwältigend, sein Bildungsfundus unerschöpflich. Doch soll nicht von der öffentlichen Figur, dem Medienstar MRR die Rede sein, sondern vom Privatmann. Wer den kennt, kennt einen ganz anderen, zarteren Reich-Ranicki. Ich verdanke die Intimkenntnis Alfred Polgar, der gemeinsamen Arbeit an der Edition von dessen »Kleinen Schriften«. Hans Weigel, Ehre seinem Angedenken, hatte mich Marcel Reich-Ranicki aufgeschwatzt, und dieser mich zur »Frankfurter Allgemeinen Zeitung« geholt. Ab 1981 habe ich mehrere Wochenenden in der Frankfurter Wohnung des Ehepaars Reich-Ranicki verbracht. Dort wurden Texte sonder Zahl sortiert und geordnet, es wurde diskutiert und – nie über die Auswahl gestritten. Wie das? Meine, vergleichsweise frische Liebe zu Polgar traf auf die seine. Die war selbstverständlich viel älter, aber nicht minder frisch. Zudem verbindet uns Leidenschaft für Musik und daher auch für die musikalischen Qualitäten von Prosa.

Ich habe damals, falls ich mich recht entsinne, ein paar Mal auf der Couch des Arbeitszimmers übernachtet. So schlich sich ein fast familiärer Ton in unsere Beziehung ein, die ich mittlerweile Freundschaft zu nennen wage. Sie blieb zu meiner Freude erhalten. Bis heute bin ich stolz und gerührt, daß er mir – im Sommer 1999 in Salzburg – das ihm vom Verleger überreichte Exemplar seiner Autobiographie »Mein Leben« schenkte. Das läßt mich sogar seine Marotte, mich stets für alles Österreichische (Adolf Hitler ausgenommen) verantwortlich zu machen, gleichmütig ertragen.

Aus der Nähe betrachtet, gewann und gewinnt Marcel Reich-Ranicki ungemein. Mächtig ist die Verführung zur Indiskretion. Darum beschränke ich mich aufs Allgemeine, also auf markante Züge seines Charakters, die sich aus der Summe von Detailerfahrungen erschließen. An und von ihm lernte ich, was unverbrüchliche Treue und Fürsorge bedeuten, Erich Kästners sehr irdischer Moral folgend: »Es gibt nichts Gutes, / außer: man tut es!« Reich-Ranickis Disziplin und sein Fleiß sind leider bloß zu bewundern, nicht nachzuahmen. Wir beide besitzen je ein Zimmerfahrrad. Meines verrottet nach zwei wenig überzeugenden Nutzungsversuchen, seines wird täglich 20 Minuten verwendet. Kein Wunder, daß er eigentlich gesünder ist als ich, zumal da ich mehr rauche als seine verehrte »gnädige Frau« Tosia in ihrer Nikotinglanzzeit. Seitdem er mich einen Gespritzten (reichsdeutsch: Weißweinschorle, pfui Teufel!) hat trinken sehen, hält er mich übrigens für einen unverbesserlichen Alkoholiker. Apropos Gesundheit: Keiner vermag Schnupfen dramatischer, mit leidenderer Stimme zu beschreiben als er, der begnadete Hypochonder und hochbegabte Patient. Die Corona seiner Leibärzte ist mein Zeuge. Naturgemäß hat all das einen ernsten Hintergrund. Elias Canetti pflegte sich als buchstäblichen Tod-Feind zu bezeichnen, Marcel Reich-Ranicki ist es, ohne das betonen zu müssen, in der Tat. Daraus resultiert seine humane, eine geradezu kreatürliche Solidarität, die ich in diesem Ausmaß bei niemandem sonst beobachten konnte. Geht es jemandem physisch schlecht, drängt sein Mitfühlen alles andere, und wäre es der erbittertste Streit, sofort völlig zurück.

Der verdienstvolle Herausgeber dieses Bandes forderte auch mich auf, die »schönste Begegnung mit Marcel Reich-Ranicki zu Papier zu bringen«. Ein kaum lösbares Problem. Ich rette mich in eine Anekdote, deren Erlebniskern mich so beeindruckte, daß ich ihn nicht vergessen habe. Reich-Ranicki hat eine um 13 Jahre ältere Schwester, die in London lebende Gerda Böhm. Eine Dame von herbem Charme mit klugen Eulenaugen. Eines Nachmittags waren wir zusammen in der Gustav-Freytag-Straße zum Kaffee geladen. Als Madame la sœur das kleine Speisezimmer betrat, an dessen einer Wand auf einem Regal keineswegs protziges Silber und Trophäen aufgestellt sind, äußerte sie, entrüstet über die vermeintliche Üppigkeit, verblüffenden Tadel: »Hier sieht es ja aus wie in einem Bordell.« Der Hausherr, sichtlich geschmerzt, erwiderte ebenso verblüffender Weise – nichts. Plötzlich war aus dem großen, um keine Replik verlegenen Marcel Reich-Ranicki, dem beredtesten Redner der Republik, wieder der kleine Bruder von ehedem geworden, der Unrecht still erduldete. Aus seinem Schweigen sprachen Respekt und Dankbarkeit. Vielleicht weil ihn die Schwester vor 73 Jahren zum ersten Mal in Wagners »Meistersinger« geführt hat. Und sicherlich deshalb, weil sie die einzige Überlebende aus seiner Kindheit ist.

Streng und liebevoll
von Richard von Weizsäcker

Unter allen Begegnungen mit Marcel Reich-Ranicki hat mich am stärksten die Lektüre seines Buches »Mein Leben« berührt.

Es ist ein tapferes, kluges Leben, tief gezeichnet von einer schweren Geschichte, zugleich voller Hingabe an seine Leidenschaft für die Literatur. Hier ist verständlich gemacht, daß und warum er unser unvergleichlich strenger und liebevoller Erzieher zum Lesen geworden ist.

Wir alle wissen, wie scharf und treffend er kritisieren kann. Aber er kann auch lobpreisen, daß einem Hören und Sehen vergeht. Einmal hörte ich ihn den großen Thomas Mann so über alle Maßen würdigen, daß ich ihn schließlich fragte, ob wir denn nun auch noch auf Goethe achten dürften. Damit war ich zu weit gegangen. Also entschuldigte ich mich und sagte, zu den schönsten mir bekannten Thomas-Mann-Texten gehöre ein Aufsatz von ihm, Marcel Reich-Ranicki selbst, über den Gefeierten. Er nahm es gnädig auf.

Zum Tage, an dem seine mit ihm in lebenslanger Ehe verbundene Frau ihr achtzigstes Lebensjahr beginnt, endet sein Buch mit den zwei Versen der Liebe, die das blutjunge Paar Octavian und Sophie am Ende des Rosenkavaliers miteinander singen. Ein wahrhaft bewegender Abschluß eines unvergeßlichen Lebensberichts.

Mein Vater und Marcel Reich-Ranicki
von Hans Wißkirchen

Meine erste Begegnung mit Marcel Reich-Ranicki war eigentlich eine Nichtbegegnung – dennoch aber von einer prägenden Tiefe. Einen entscheidenden Anteil daran hatte mein Vater. 1975 begann ich in Marburg mit dem Studium der Germanistik. Bei allem Großmut meines in der Wirtschaft tätigen Vaters war das eine doppelte Zumutung: zum ersten das Studium im damals als »links« geltenden Marburg und dann noch die »brotlose« Kunst der Literaturwissenschaft. Da half auch die frühe Fixierung auf Thomas Mann wenig. Dem jungen Studenten gelang es in vielen Gesprächen nicht so recht, dem Vater die Faszination des Gegenstandes verständlich zu machen, obwohl dieser sich redlich mühte. Dem Vater ging es dabei vor allem um die Frage nach dem Nutzen, nach dem Sinne der Literaturwissenschaft im allgemeinen und der Thomas-Mann-Philologie im besonderen. Der junge Student wußte keine überzeugenden Argumente – nicht zuletzt wohl, weil die Zunft, der anzugehören er sich anschickte, auf genau diese Frage keine Antwort gefunden hatte.

Da kam mir der Zufall zu Hilfe. 1975 wurde Thomas Manns 100. Geburtstag gefeiert, was zu einer Flut von Gedenkveranstaltungen, Gedenkausstellungen und Gedenkartikeln führte. Ich interessierte mich dafür nur am Rande – nicht so mein Vater. Er las darüber viel, und er las vor allem die Artikel von Marcel Reich-Ranicki über Thomas Mann.

So konnte er etwa von Marcel Reich-Ranicki in der F.A.Z. vom 17. April 1976 folgendes lesen: »Um es überspitzt auszudrücken: Er hat fast nichts erlebt und fast alles beschrieben. Einem Minimum an tatsächlicher, persönlicher Erfahrung wußte er ein Maximum an Literatur abzugewinnen. Und vielleicht war die Energie, die er ein Leben lang – und noch in den letzten Monaten – aufbrachte, um mit seinem Pfunde zu wuchern, seine eigentliche Genialität. Man wird sagen: kein sympathischer, eher schon ein abstoßender Mensch. Mag sein. Aber das gilt auch für Goethe, Heine und Richard Wagner, für Rilke, Musil und Brecht. Sympathisch können nur diejenigen Genies sein, über die wir fast gar nichts wissen – Wolfram von Eschenbach etwa oder Shakespeare.

Je mehr wir von Thomas Mann zu lesen bekommen, desto schwieriger wird es, diesen Leistungsethiker, diesen gigantischen Enzyklopädisten zu lieben – und desto leichter, ihn zu bewundern, ja zu verehren.«

Das waren Aussagen, die jenseits aller Erklärungsversuche des Sohnes dem Vater endlich die Antworten auf die Fragen verschafften, die ihm als Leser so wichtig waren: Warum etwa war Thomas Mann ein so großer Autor, warum lohnte die intensive Beschäftigung mit seinem Werk so sehr?

Daraus entsponnen sich Diskussionen zwischen Vater und Sohn. Mir waren solche Äußerungen zu stark mit Wertung versehen, mit einem Worte: zu unwissenschaftlich. Mein Vater fand genau das positiv. Hier war jemand, der sich nicht scheute, Orientierung zu geben, der sein literarisches Wissen nicht nur auf Analyse und Erklärung beschränkte. Erst später habe ich gemerkt, wie stark mich diese Diskussionen geprägt haben. Wieviel meine Sicht Thomas Manns, die sich eben nicht im Akademischen erschöpfte, den Gesprächen mit dem Vater und damit der Begegnung mit den Thomas-Mann-Texten Marcel Reich-Ranickis verdankte.

Und mein Vater las weiter Marcel Reich-Ranicki über Thomas Mann. So etwa seine einleitenden Worte zur Umfrage »Was bedeutet Ihnen Thomas Mann« von 1975, in der Antworten von achtzehn Schriftstellern und Intellektuellen abgedruckt wurden. Die engeren Grenzen einer nur literaturwissenschaftlichen Sicht wurden hier ganz bewußt überschritten, der Rang Thomas Manns auf einem ganz anderen Plateau verortet.

»Aber Thomas Mann war nicht nur Deutschlands hervorragendster Romancier, nicht nur ein Genie der Sprache. Sein Werk ist größer als die Summe seiner Romane, Erzählungen und Essays. Indem er die Synthese von künstlerischer Leistung und intellektueller Verantwortung verwirklichte, konnte er in der Weltöffentlichkeit eine Funktion ausüben, die noch nie in der Geschichte Deutschlands einem Schriftsteller, einem Künstler zugefallen war: Er, Thomas Mann, wurde in der Zeit des Dritten Reiches zur weithin sichtbaren, zur repräsentativen Gegenfigur. Die Namen Adolf Hitler und Thomas Mann symbolisierten und symbolisieren nach wie vor die beiden Seiten des Deutschtums. Und es käme einem geistigen Selbstmord gleich, wollte Deutschland auch nur eine dieser beiden Seiten und Möglichkeiten vergessen oder verdrängen. In diesem Sinne ist der hundertste Geburtstag Thomas Manns ein nationales Ereignis – oder sollte es jedenfalls sein.«

Für jemanden wie meinen Vater, der das Dritte Reich als Soldat miterlebt hatte, mußte eine solche Zusammenstellung wie eine Provokation wirken. Wieder hatten wir Stoff zur Diskussion, und hier konnte ich lernen, daß Thomas Mann eben nicht den Germanisten alleine gehöre, daß er im Gegenteil einer der wenigen Autoren des 20. Jahrhunderts ist, dessen Bedeutung in die aktuelle Zeitgeschichte hineinreicht.

»Doch je bedeutender ein Schriftsteller und je größer die Rolle, die er in der Geschichte seines Volkes spielt, desto wichtiger ist es, sein Werk nicht immer wieder zu rühmen, sondern stets aufs neue in Zweifel zu ziehen. Dies ist der Zweck unserer Umfrage. Ihr Ergebnis läßt erkennen, daß Thomas Mann glücklicherweise noch nicht zu jenen Klassikern gehört, die man beruhigt ins Museale entlassen hat und die man feiert, weil sie niemanden mehr stören.«

Mit diesen Worten endete Marcel Reich-Ranicki seine Vorrede zu den Stimmen über Thomas Mann, die durchaus viel Kritisches enthielten, die den Autor eben nicht distanzlos feierten. Daß man die Liebe zu Thomas Mann mit dem kritischen Blick verbinden kann – auch das war eine der Lehren, die ich damals bewußt aufnahm.

Jahre später erst lernte ich Marcel Reich-Ranicki persönlich kennen. Am liebsten sind mir dabei die Besuche an meinem Arbeitsplatz.

Immer wenn er an der Ostsee Urlaub macht, kommt er nach Lübeck ins Buddenbrookhaus, zu Thomas Mann. Immer freue ich mich über die Gänge durch das Haus in der Mengstraße, wenn wir uns durch die sommerlichen Besucherscharen drängen, die ihn natürlich erkennen und ansprechen. Das zufriedene Lächeln, das sich dann auf seinem Gesicht abzeichnet, hat aber einen anderen Grund. Daß so viele Menschen in die Thomas-Mann-Ausstellungen des Buddenbrookhauses kommen – das ist ihm eine Herzensangelegenheit und eine große Freude. Und dann erzählt er oft, daß er damals, 1975, dazu die Grundlage gelegt hat, als der Ruhm Thomas Manns durchaus noch nicht so weit strahlte wie heute, sein Rang noch nicht so fest gegründet war wie jetzt.

Ich denke immer an die ersten Begegnungen mit Marcel Reich-Ranicki, von denen er ja nichts wissen kann, weil damals nur mein Vater dabei war. Vor allem aber denke ich daran, wie recht Marcel Reich-Ranicki mit seinen Bemerkungen hat. Ohne seine Jahrzehnte währende Beschäftigung mit dem Werk und dem Leben Thomas Manns wäre unser Blick auf diesen großen deutschen Schriftsteller des 20. Jahrhunderts ein anderer, hätte er heute nicht diese überragende Bedeutung für das literarische Leben.

Vierundzwanzig
von Uwe Wittstock

Es konnte nichts schiefgehen. Ich war gerade 24, und das war jung für das erste Vorstellungsgespräch, fand ich. Mein Bruder lebte schon länger in Frankfurt, er kannte sich aus, er würde mich fahren. Also, was sollte schiefgehen? Ich war die Ruhe selbst. Falls es mit dieser Bewerbung nicht klappte, nun gut, ich war jung, es würde eine zweite Chance geben.

Die Redaktion der »Frankfurter Allgemeinen« lag an einer großen Ausfallstraße fünf Minuten hinter dem Westhafen. Wir starteten eine halbe Stunde vor dem Vorstellungstermin, und mein Bruder kreuzte souverän durch die Stadt auf eine große Ausfallstraße fünf Minuten hinter dem Osthafen. Okay, ich gebe zu, in diesem Augenblick kam es zu gewissen Spannungen in der zwischenbrüderlichen Kommunikation, und meine Ruhe zeigte feine Risse. Doch mein Bruder ist ein hervorragender Autofahrer, und jeder Kenner Frankfurter Geographie wird zugestehen, daß er Bemerkenswertes geleistet haben muß, als er den Wagen nur fünf Minuten nach dem Vorstellungstermin, gleichwohl aber unfallfrei vor dem Eingang zur Redaktion zum Stehen brachte. Manche seiner Manöver hatten allerdings nicht dazu beigetragen, meine innere Ruhe wiederherzustellen.

»Kommen Sie, kommen Sie«, sagte Marcel Reich-Ranicki, damals noch nicht fernsehbekannt und dennoch unverkennbar, als er mich in sein Büro winkte. Meine Verspätung ließ er mich nicht spüren, wohl aber seine Ungeduld, mehr über meine literarische Bildung zu erfahren. »Keiner kann alles gelesen haben, wir alle haben Lücken«, sagte er schon auf dem Weg von der Tür zum Schreibtisch, »auch ich, auch ich habe Lücken«, und warf sich in seinen Drehsessel, »welche Autoren kennen Sie? Oder haben Sie die Zeit an der Universität nur vertrödelt?« Böll, Grass, Frisch, Christa Wolf, Walser, Dürrenmatt, meine frühe Leidenschaft für Heiner Müller fand er kurios, mein Interesse für Peter Handke gerade eben noch verzeihlich. »Gut, gut, wie steht es mit älteren deutschen Schriftstellern, haben Sie schon mal den Namen Thomas Mann gehört?« Buddenbrooks, Zauberberg, Doktor Faustus, Tonio Kröger.

»Mehr nicht?« Reich-Ranickis Blick wurde düster. »Kleist, haben Sie denn wenigstens was von Kleist gelesen?« Vermutlich lag es an den Falten auf Reich-Ranickis Stirn, daß meine Antwort jetzt etwas großräumiger ausfiel, als es den Tatsachen entsprach.

»Alles.«

»Sehr gut. Sie mögen Kleist, sehr gut. Dann erzählen Sie mal etwas über das ›Käthchen von Heilbronn‹.«

Unglücklicherweise zählte das »Käthchen« zu jenem Teil von Kleists Werk, um den meine Antwort zu großräumig ausgefallen war. Ich schwieg, ich ließ meinen Blick einen Moment lang auf dem Schreibtisch zwischen uns ruhen, bemühte mich, ein möglichst intelligentes Gesicht zu machen, und sagte dann, unbegreiflicherweise sei mir die Handlung im Augenblick entfallen, eine verübergehende Gedächtnislücke, ein Blackout.

»Mein Lieber«, entschied Reich-Ranicki, »Sie haben das *Käthchen* nie gelesen. Als junger Mann wie Sie vergißt man dieses Stück nicht, man vergißt nicht, was Käthchen für den Mann tut, den sie liebt. Besser, Sie bleiben bei der Wahrheit.«

Danach stellte er noch eine Menge Fragen, welche, weiß ich nicht mehr, nur daß ich nun streng bei der Wahrheit blieb – und daß ich, als ich wieder zu Hause war, das »Käthchen« las, Reich-Ranickis Bemerkung hatte mich neugierig gemacht auf das Stück. Ich begriff, was er gemeint hatte: Als das Schloß brennt, geht Käthchen für den Mann, den sie liebt, in die Flammen, sie geht buchstäblich für ihn durchs Feuer, diese Szene vergißt man nicht, das ist richtig.

Viele Jahre später dann, als ich Reich-Ranickis Autobiographie »Mein Leben« las, begriff ich noch etwas anderes. Nämlich, daß er gerade 24 Jahre alt war, so alt wie ich bei unserem ersten Gespräch, als er das Warschauer Getto und die deutschen Verfolger überlebt hatte, und daß seine Frau und er mehr als einmal für den anderen durchs Feuer gegangen waren. Und mir wurde klar, was für ein unverschämtes Glück es ist, mit 24 noch in dem Glauben gelebt zu haben, es könne nichts schiefgehen und es warte, falls doch etwas schiefgeht, noch eine zweite Chance.

Retter meines Westens
von Dieter E. Zimmer

Im April 1961 waren wir beide noch »neu«: er in der Bundesrepublik, ich im Journalismus, wir beide bei der ZEIT. Ich war was? Redakteur? Praktikant? Er hatte begonnen, Rezensionen zu schreiben, die ich in der Folge dreizehn Jahre lang redigieren sollte. Wir kannten uns nicht. Die lange und muntere Zeit, in der wir nahezu täglich freundschaftlich miteinander telefonierten, ein wenig über Gott und die Welt, viel über Bücher, Autoren und Kollegen, stand noch bevor.

Da passierte etwas, die erste literarische »Affaire« meines Berufslebens. Das PEN-Zentrum Ost und West, das seinem Namen zum Trotz der PEN-Club der DDR und ihrer Sympathisanten war, hatte Anfang Dezember 1960 in Hamburg eine Generalversammlung anberaumt, die von ängstlichen Hamburger Behörden erfolgreich hintertrieben wurde. Ich hatte mich in einem Hotel an der Esplanade mit dem eher bedrückten als empörten Stephan Hermlin getroffen, der mir die Sachlage aus seiner Sicht schilderte, bevor er unverrichteter Dinge nach Ostberlin zurückreiste, hatte dann in der Redaktion davon berichtet, und der temperamentvolle Eigentümer der *Zeit*, Gerd Bucerius, der immer seinen eigenen Kopf hatte, hatte das Quasi-Verbot des Treffens nicht auf dem freiheitlichen Westen sitzenlassen wollen und prompt beschlossen: Dann laden wir sie eben ein.

So kamen sie Anfang April 1961 ein zweites Mal angereist, zu zwei langen öffentlichen Streitgesprächen in der Hamburger Universität. Es war in Jahrzehnten der Sendepause eins der wenigen Male, vielleicht das einzige Mal, daß Intellektuelle aus Ost und West gleichsam offiziell und öffentlich miteinander, gegeneinander diskutierten. Bucerius und die »Zeit« waren deswegen angegriffen worden. Die Situation war aufgeladen, die Spannung groß. Das Audimax war rappelvoll.

Die Ost-Mannschaft umfaßte den ehrwürdigen alten Arnold Zweig, den gerissenen Diskussionsfachmann Hans Mayer, den scharfzüngigen Peter Hacks, den sturen Starfunktionär Heinz Kamnitzer. Sie begannen, und wohl nicht nur mir schwante bald Schlimmes. Sie stützen sich auf eine »Theorie«, sie konnten diese in Diskussionen routiniert vertreten, sie fühlten sich in Feindesland und waren entschlossen, dort zu punkten. Die Mitglieder der West-Mannschaft dagegen – unter anderen Beheim-Schwarzbach, Enzensberger, Walser, in gewisser Weise auch Robert Neumann als Präsident des Internationalen PEN – schienen von mancherlei Skrupeln befallen und gelähmt. Sollte man selber reden wie ein Kalter Krieger? War an der Theorie der Gäste aus Fernost nicht etwas dran? Gebot es nicht zumindest die Höflichkeit, mit ihnen schonungsvoll umzugehen? Das Unmögliche schien wahr werden zu wollen: daß »der Westen« in der Debatte schmählich unterging.

Da trat der Westneuling Marcel Reich-Ranicki ans Rednerpult, das unbekannteste und damit unscheinbarste Mitglied des West-Teams. Er redete nicht drumherum. Ohne jeden Skrupel kam er sofort, unumwunden und offensiv zur Sache. Er redete wie der Advokat, der er auch sehr gut hätte werden können, hätte ihn seine Leidenschaft nicht zur Literatur hingezogen. Er drehte den Spieß rücksichtslos um. Es lohnt sich, seinen Einsatz 44 Jahre danach noch einmal zu

Mit Tosia, Augsburg 1994

zitieren: »Hier ist die Frage gestellt worden: Muß der Schriftsteller gegen die Gesellschaft sein? Hans Mayer antwortet: Nein, es gibt bestimmte Epochen, bestimmte Gesellschaften, wo eine derartige Notwendigkeit nicht besteht. Ich will mich nicht in eine Diskussion über diese These einlassen. Hingegen sollten wir doch wohl die Frage stellen: Kann ein Schriftsteller die Gesellschaft, wie sie heute in der Deutschen Demokratischen Republik besteht, eindeutig befürworten? ... Ich glaube, daß es am bequemsten wäre, wenn wir mit Hilfe der PEN-Charta einige kurze Erwägungen anstellten. Literatur, heißt es im ersten Punkt, soll in allen Situationen als eine in allen Nationen gemeinsame Währung behalten werden. Ich bezweifle, daß dies in der Deutschen Demokratischen Republik der Fall ist. Ich glaube, daß die Weltliteratur des zwanzigsten Jahrhunderts in der Deutschen Demokratischen Republik praktisch unterdrückt, ignoriert, teilweise bekämpft, teilweise totgeschwiegen wird...« Sofort war »der Osten« in der Defensive.

Dafür bewunderte ich ihn von Stund an. Er hatte, was ihn dann immer auszeichnete, eine klare Sprache gesprochen. Er hatte der intellektuellen Großwetterlage keinen Tribut gezollt. Er hatte sich seine Kriterien nicht von einer Theorie vernebeln lassen. Er hatte keine apologetische Dialektik bemüht. Er hatte sich auf den verrufenen gesunden Menschenverstand verlassen. Er hatte vorgemacht, daß man es in den komplizierten ideologischen Auseinandersetzungen, die uns dann so ausgiebig zu schaffen machen sollten, ziemlich weit bringen kann, wenn man sich von seinen einfachen Fragestellungen nicht abbringen läßt.

Es gäbe viel persönlichere Momente in unserer Beziehung, an die ich hier erinnern könnte. Ich wähle diesen, weil Marcel dem Novizen, der ich war, an diesem Abend einen großen Dienst erwiesen hat. Er hat mir eigenhändig »den Westen« gerettet.

Die Beiträger

Thomas Anz, geboren 1948, lehrt Neuere deutsche Literatur in Marburg. In den Jahren 1982 und 1983 war er Literaturredakteur der Frankfurter Allgemeinen Zeitung. Im Jahr 2004 erschien seine Biographie *Marcel Reich-Ranicki* in der Reihe »dtv-portrait«.

Stefan Aust, geboren 1946 in Stede, ist Chefredakteur des Nachrichtenmagazins »Der Spiegel«. Im Jahr 2003 veröffentlichte er zusammen mit Cordt Schnibben das Buch *Irak. Geschichte eines modernen Krieges.*

Hans Christoph Buch, geboren 1944, ist Schriftsteller, Publizist und Übersetzer. Zuletzt veröffentlichte er die Bände *Tanzende Schatten oder Der Zombie bin ich* und *Standort Bananenrepublik. Streifzüge durch die postkoloniale Welt.* Im Jahr 2004 wurde er mit dem Preis der »Frankfurter Anthologie« ausgezeichnet.

Jürgen Busche, geboren 1944 in Belzig, war in den Jahren 1972 bis 1987 Redakteur im Politikressort der Frankfurter Allgemeinen Zeitung. Nach Stationen bei der Süddeutschen Zeitung und der Badischen Zeitung arbeitet er heute als freier Autor. Im Jahr 2003 erschien sein Buch *Die 68er. Biografie einer Generation.*

Peter Demetz, geboren 1922 in Prag, wurde 1962 als Professor für Germanistik und vergleichende Literaturwissenschaft an die Yale-Universität berufen. Seit 1974 rezensiert er für das Literaturressort der Frankfurter Allgemeinen Zeitung. Im Jahr 2002 erschien sein Buch *Die Flugschau von Brescia. Kafka, d'Annunzio und die Männer, die vom Himmel fielen.*

Eva Demski, geboren 1944 in Regensburg, lebt als Schriftstellerin in Frankfurt am Main. Im Jahr 2004 erschien ihr Buch *Von Liebe, Reichtum, Tod und Schminke.*

Hilde Domin, geboren 1909 in Köln, ist Lyrikerin. Im Jahr 1999 erschien ihr Gedichtband *Der Baum blüht trotzdem.*

Wolfgang Frühwald, geboren 1935 in Augsburg, ist Professor für Neuere Deutsche Literaturwissenschaft an der Ludwig-Maximilian-Universität in München. Seit 1999 ist er Präsident der Alexander von Humboldt-Stiftung. Zuletzt gab er den Band *Sonnenfinsternis und Schneesturm. Adalbert Stifter erzählt die Natur* heraus.

Robert Gernhardt, geboren 1937 in Reval in Estland, ist Schriftsteller und Lyriker, Zeichner und Maler. Im Jahr 2004 erschien sein Gedichtband *Die K-Gedichte.*

Günter Grass, geboren 1927 in Danzig, ist Schriftsteller. Im Jahr 1999 erhielt er den Nobelpreis für Literatur. Im Jahr 2004 erschien sein Buch *Der Schatten. Hans Christian Andersens Märchen – gesehen von Günter Grass.*

Ulrich Greiner, geboren 1945 in Offenbach, leitet das Literaturressort der »Zeit«. In den Jahren 1970 bis 1980 war er Literaturredakteur der Frankfurter Allgemeinen Zeitung. Im Jahr 2005 erschien sein Buch *Der Leseberater – Für Literaturfreunde und solche, die es werden wollen.*

Volker Hage, geboren 1954 in Hamburg, ist Kulturredakteur beim »Spiegel«. In den Jahren 1975 bis 1986 war er Redakteur bei der Frankfurter Allgemeinen Zeitung, im Literaturressort sowie im Magazin. Zusammen mit Mathias Schreiber veröffentlichte er 1995 *Marcel Reich-Ranicki. Ein biographisches Porträt.* Im Jahr 2003 erschien sein Buch *Zeugen der Zerstörung.*

Ulla Hahn, geboren 1946 in Brachthausen im Sauerland, ist Lyrikerin. Im Jahr 2003 erschien ihr Gedichtband *Süßapfel rot.*

Elke Heidenreich, geboren 1943 in Korbach, ist Schriftstellerin und Journalistin. Sie moderiert die Literatursendung »Lesen!«. Im Jahr 2004 veröffentlichte sie zusammen mit Michael Sowa das Buch *Erika.*

André Heller, ist Schriftsteller, Multimedia-Künstler und Veranstalter zahlreicher Kulturereignisse. Mit seinen Zirkus- und Varietéprogrammen wie *Flic Flac* bereiste er die ganze Welt. Im Organisationskomitee der Fußballweltmeisterschaft 2006 in Deutschland ist er verantwortlich für das Kulturprogramm. Zuletzt veröffentlichte er den Roman *Schattentaucher* und den Band *Als ich ein Hund war. Liebesgeschichten und weitere rätselhafte Vorfälle.*

Jochen Hieber, geboren 1951 in Aalen, ist seit 1983 Redakteur bei der Frankfurter Allgemeinen Zeitung. Zunächst arbeitete er lange Jahre im Literaturressort. Im Jahr 1995 gab er das Buch *Lieber Marcel. Briefe an Reich-Ranicki* (Neuausgabe im Jahr 2000) heraus.

Walter Hinck, geboren 1922, lehrte deutsche Literatur an der Universität Köln. Er ist langjähriger Mitarbeiter im Literaturblatt der F.A.Z. und Träger des Preises der »Frankfurter Anthologie« 2003. Zuletzt veröffentlichte er die Bände *Selbstannäherungen. Autobiographien im 20. Jahrhundert von Elias Canetti bis Marcel Reich-Ranicki* und *Literatur als Gegenspiel. Essays zur deutschen Literatur von Luther bis Böll.*

Jürgen Horbach, geboren 1953, ist Geschäftsführer der Deutschen Verlags-Anstalt, wo im Jahr 1999 Marcel Reich-Ranickis Autobiographie *Mein Leben* erschien.

Walter Jens, geboren 1923 in Hamburg, ist Literaturwissenschaftler und Schriftsteller. Im Jahr 2000 erschien sein Buch *Wer am meisten redt, ist der reinste Mensch. Über Fontane.* Zusammen mit seiner Frau Inge Jens veröffentlichte er 2003 *Frau Thomas Mann. Das Leben der Katharina Pringsheim.*

Joachim Kaiser, geboren 1928 in Milken, ist langjähriger Kritiker der Süddeutschen Zeitung. Er war Mitglied der Gruppe 47. Im Jahr 1999 erschien sein Buch *Von Wagner bis Walser. Neues zu Literatur und Musik.*

Hellmuth Karasek, geboren 1934 in Brünn, ist Journalist und Literaturkritiker. An der Seite von Marcel-Reich Ranicki diskutierte er im »Literarischen Quartett«. Im Jahr 2004 erschien sein autobiographisches Buch *Auf der Flucht. Erinnerungen.*

Ruth Klüger, geboren 1931 in Wien, ist Professorin für deutsche Sprache und Literaturwissenschaft an der University of California in Irvine/USA. Ihre Autobiographie *weiterleben* wurde durch die Besprechung im »Literarischen Quartett« zum Bestseller. Im Jahr 1999 erhielt sie den Preis der »Frankfurter Anthologie«; 1996 erschien ihr Buch *Frauen lesen anders. Essays.*

Salomon Korn, geboren 1943 in Lublin in Polen, ist Architekt. Seit 1999 ist er stellvertretender Vorsitzender des Zentralrats der Juden in Deutschland. Im Jahr 2003 erschien sein Buch *Die fragile Grundlage. Auf der Suche nach der deutsch-jüdischen Normalität.*

Michael Krüger, geboren 1943 in Wittgendorf bei Zeitz, ist Schriftsteller, Lektor und Verleger des Hanser Verlags. Im Jahr 2003 erschien sein Gedichtband *Kurz vor dem Gewitter.*

Hermann Kurzke, geboren 1943 in Berlin, ist Professor für Neuere deutsche Literaturgeschichte an der Johannes-Gutenberg-Universität in Mainz. Im Jahr 2001 erschien sein Buch *Thomas Mann. Das Leben als Kunstwerk. Eine Biografie.*

Siegfried Lenz, geboren 1926 in Lyck in Ostpreußen, ist Schriftsteller. Sein Buch *Zaungast* erschien im Jahr 2004.

Helmuth Lohner, geboren 1933 in Wien, ist Schauspieler und Regisseur. Seit 1997 ist er Intendant des Wiener »Theaters in der Josefstadt«.

Felicitas von Lovenberg, geboren 1974 in Münster, war zunächst im Ressort Kunstmarkt der Frankfurter Allgemeinen Zeitung tätig. Seit 2001 ist sie Redakteurin im Literaturblatt. Im Jahr 2003 erhielt sie den Alfred-Kerr-Preis für Literaturkritik.

Peter von Matt, geboren 1937 in Luzern, ist Professor für Neuere Deutsche Literaturwissenschaft an der Universität Zürich. Im Jahr 1998 erhielt er den Preis der »Frankfurter Anthologie«; 2003 erschien sein Buch *Öffentliche Verehrung der Luftgeister.*

Klara Obermüller, geboren 1940 in St. Gallen, lebt als Literaturkritikerin in der Schweiz. Im Jahr 2003 erschien ihr Buch *Wir sind eigenartig, ohne Zweifel.*

Iris Radisch, geboren 1959 in Berlin, gehörte nach dem Ausscheiden von Sigrid Löffler zur ständigen Besetzung des »Literarischen Quartetts«. Im Literaturressort der »Zeit« ist sie verantwortlich für Belletristik. Im Jahr 2004 gab sie das Buch *Die Besten. Klagenfurter Texte* heraus.

Jan Philipp Reemtsma, geboren 1952 in Bonn, ist Professor für Neuere Deutsche Literatur an der Universität Hamburg und Vorsitzender des Hamburger Instituts für Sozialforschung. Im Jahr 2003 erschien sein Buch *Unzeitgemäßes über Krieg und Tod.*

Petra Roth, geboren 1944 in Bremen, ist seit 1995 Oberbürgermeisterin der Stadt Frankfurt am Main.

Günther Rühle, geboren 1924 in Gießen, ist Publizist. In den Jahren 1974 bis 1985 leitete er das Feuilleton der Frankfurter Allgemeinen

Zeitung. Im Jahr 2004 gab er das Buch *Alfred Kerr. Der Dichter und die Meerschweinchen* heraus.

Peter Rühmkorf, geboren 1929 in Dortmund, ist Schriftsteller und Lyriker. Im Jahr 2004 erschien sein Buch *Wenn ich mal richtig ICH sag ... Ein Lese-Bilderbuch.*

Doris Runge, geboren 1943 in Carlow in Mecklenburg, ist Lyrikerin. Im Jahr 2003 veröffentlichte sie ihren Gedichtband *du also.*

Rachel Salamander, geboren 1949 in Deggendorf, leitet die »Literaturhandlung München/Berlin« und ist Herausgeberin der WELT-Literaturbeilage.

Stephan Sattler, geboren 1947 in Tachingen in Oberbayern, leitet seit 1992 das Kulturressort des Nachrichtenmagazins »Focus«.

Markus Schächter, geboren 1949 in Hauenstein in der Pfalz, ist Intendant des ZDF.

Frank Schirrmacher, geboren 1959 in Wiesbaden, war von 1989 bis 1993 Literaturchef der Frankfurter Allgemeinen Zeitung. Seit 1993 ist er als einer der Herausgeber für das Feuilleton zuständig. Im Jahr 2004 erschien sein Buch *Das Methusalem-Komplott.*

Renate Schostack, geboren 1938 in Pforzheim, trat 1969 in die Feuilletonredaktion der Frankfurter Allgemeinen Zeitung ein, wo sie unter anderem als Literaturredakteurin und Kulturkorrespondentin mit Sitz in München arbeitete. Im Jahr 2003 erschien ihr Buch *Wintertage in St. Petersburg.*

Mathias Schreiber ist langjähriger Leiter des Kulturressorts beim Nachrichtenmagazin »Der Spiegel«. In den Jahren 1982 bis 1991 war er Redakteur im Feuilleton der Frankfurter Allgemeinen Zeitung.

Zusammen mit Volker Hage veröffentlichte er 1995 *Marcel Reich-Ranicki. Ein biographisches Porträt.*

Gerhard Schröder, geboren 1944 in Mossenberg bei Detmold, ist seit 1998 Bundeskanzler der Bundesrepublik Deutschland.

Gerhard Schulz lebt in Melbourne in Australien. Er ist emeritierter Professor für Literaturwissenschaft. Im Jahr 2001 erschein sein Buch *Novalis. Über die Liebe.*

Wulf Segebrecht, geboren 1935, ist emeritierter Professor für Neuere Deutsche Literatur in Bamberg und seit vielen Jahren Mitarbeiter im Literaturblatt der F.A.Z. Im Jahr 2001 erhielt er den Preis der »Frankfurter Anthologie«. Zu seinen Publikationen zählen unter anderem *Fundbuch der Gedichtinterpretationen* (1997) und *Was Schillers Glocke geschlagen hat. Vom Nachklang und Widerhall des meistparodierten deutschen Gedichts* (2005).

Hans-Joachim Simm, geboren 1946 in Braunschweig, ist Leiter des Insel Verlags. Im Jahr 2003 gab er das Buch *Teofila Reich-Ranicki/ Marcel Reich-Ranicki. Wir sitzen alle im gleichen Zug* und 2004 den Band *Friedrich Schiller. Zum 200. Todestag* heraus.

Hubert Spiegel, geboren 1962 in Essen, ist seit 1993 Feuilletonredakteur der Frankfurter Allgemeinen Zeitung, deren Literaturressort er seit 2001 leitet. Er ist Herausgeber der Bände *Welch ein Leben. Marcel Reich-Ranickis Erinnerungen. Stimmen, Kritiken, Dokumente* (2000) und *Lieber Lord Chandos. Antworten auf einen Brief* (2002). Im Jahr 2005 erhielt er den Alfred-Kerr-Preis für Literaturkritik.

Hansjakob Stehle, geboren 1927 in Ulm, berichtete viele Jahre als Korrespondent der »Zeit« aus Osteuropa. Im Jahr 1993 erschien sein Buch *Geheimdiplomatie im Vatikan. Die Päpste und die Kommunisten.*

Ulla Unseld-Berkéwicz ist Schriftstellerin und Verlegerin des Suhrkamp Verlags. Im Jahr 2002 erschien ihr Buch *Vielleicht werden wir ja verrückt. Eine Orientierung in vergleichendem Fanatismus.*

Rüdiger Volhard, geboren 1931 in Frankfurt, ist Jurist in Frankfurt am Main.

Peter Voß, geboren 1941 in Hamburg, ist Intendant des Südwestrundfunks.

Peter Wapnewski, geboren 1922 in Kiel, ist emeritierter Professor der mediävistischen Germanistik und Gründungsrektor des Wissenschaftskollegs zu Berlin. Im Jahr 2001 erschien sein Buch *Richard Wagner in seinen Helden.*

Matthias Wegner, geboren 1937, hat den Rowohlt Verlag geleitet. Heute lebt er als Publizist in Hamburg. Er war lange Jahre Mitarbeiter im Literaturressort der Frankfurter Allgemeinen Zeitung. Im Jahr 2003 erschien sein Buch *Ein weites Herz. Die zwei Leben der Isa Vermehren.*

George Lord Weidenfeld of Chelsea wurde 1919 in Wien geboren. Er emigrierte 1938 nach England, wo er 1945 den Verlag Weidenfeld und Nicolson gründete. Er ist Mitglied des Britischen Oberhauses.

Ulrich Weinzierl, geboren 1954 in Wien, war von 1978 bis 2000 Kulturkorrespondent der Frankfurter Allgemeinen Zeitung in Wien und ständiger Mitarbeiter des Literaturressorts. Heute ist er der Wiener Korrespondent der »Welt«. Im Jahr 2001 erhielt er den Alfred-Kerr-Preis für Literaturkritik.

Richard von Weizsäcker, geboren 1920 in Stuttgart, war in den Jahren 1984 bis 1994 Bundespräsident. Im Jahr 1997 erschien sein Buch *Vier Zeiten. Erinnerungen.*

Hans Wißkirchen, geboren 1955, ist seit 2001 Geschäftsführer der Kulturstiftung Hansestadt Lübeck und Leiter des Buddenbrook-Hauses. Im Jahr 1999 erschien sein Buch *Die Familie Mann.*

Uwe Wittstock, geboren 1955 in Leipzig, war von 1979 bis 1989 Literaturredakteur der Frankfurter Allgemeinen Zeitung. Heute ist er Kulturkorrespondent der »Welt« mit Sitz in Frankfurt am Main. Seine Biographie *Marcel Reich-Ranicki. Geschichte eines Lebens* ist im Jahr 2005 erschienen.

Dieter E. Zimmer, geboren 1934 in Berlin, war viele Jahre Literaturredakteur der »Zeit«. Er lebt heute als Übersetzer und Herausgeber u. a. der Werke von Vladimir Nabokov in Berlin. Im Jahr 2000 erschien sein Buch *Die Bibliothek der Zukunft.*

Fotonachweis

Associated Press/Kerstin Joensson: 103. Susanne Becker: 162. Foto-Wachendörfer: 145. Helmut Fricke/FAZ: 111. Peter Friedli: 98. Herlinde Koelbl/Agentur Focus: 122. Stefan Moses: 191. Isolde Ohlbaum: 27. Staatliche Landesbildstelle Hamburg: 4. ZDF/Renate Schäfer: 80. Einbandfoto: Bettina Strauss.

DER KANON
DIE DEUTSCHE LITERATUR
ROMANE

Herausgegeben von Marcel Reich-Ranicki

20 Bände und ein Begleitband im Schuber
8.100 Seiten

Johann Wolfgang Goethe, Die Leiden des jungen Werthers
Die Wahlverwandtschaften
E.T.A. Hoffmann, Die Elixiere des Teufels
Gottfried Keller, Der grüne Heinrich
Theodor Fontane, Frau Jenny Treibel
Effi Briest
Thomas Mann, Buddenbrooks
Der Zauberberg
Heinrich Mann, Professor Unrat
Hermann Hesse, Unterm Rad
Robert Musil, Die Verwirrungen des Zöglings Törleß
Franz Kafka, Der Proceß
Alfred Döblin, Berlin Alexanderplatz
Joseph Roth, Radetzkymarsch
Anna Seghers, Das siebte Kreuz
Heimito von Doderer, Die Strudlhofstiege
Wolfgang Koeppen, Tauben im Gras
Günter Grass, Die Blechtrommel
Max Frisch, Montauk
Thomas Bernhard, Holzfällen

DER KANON
DIE DEUTSCHE LITERATUR
ERZÄHLUNGEN

Herausgegeben von Marcel Reich-Ranicki

10 Bände mit einem Begleitband im Schuber
5.700 Seiten

Band 1: Johann Wolfgang Goethe bis Heinrich von Kleist

Johann Wolfgang Goethe · Friedrich Schiller · Johann Peter Hebel · Jean Paul · Ludwig Tieck · E.T.A. Hoffmann · Heinrich von Kleist

Band 2: Clemens Brentano bis Jeremias Gotthelf

Clemens Brentano · Adelbert von Chamisso · Jacob und Wilhelm Grimm · Joseph von Eichendorff · Franz Grillparzer · Annette von Droste-Hülshoff · Jeremias Gotthelf

Band 3: Heinrich Heine bis Theodor Storm

Heinrich Heine · Wilhelm Hauff · Eduard Mörike · Adalbert Stifter · Georg Büchner · Theodor Storm

Band 4: Gottfried Keller bis Theodor Fontane

Gottfried Keller · Theodor Fontane

Band 5: Conrad Ferdinand Meyer bis Hugo von Hofmannsthal

Conrad Ferdinand Meyer · Marie von Ebner-Eschenbach · Ferdinand von Saar · Eduard von Keyerserling · Arthur Schnitzler · Gerhart Hauptmann · Frank Wedekind · Heinrich Mann · Jakob Wassermann · Hugo von Hofmannsthal

Band 6: Thomas Mann bis Alfred Döblin

Thomas Mann · Rainer Maria Rilke · Hermann Hesse · Martin Buber · Robert Walser · Alfred Döblin

Band 7: Robert Musil bis Franz Werfel

Robert Musil · Stefan Zweig · Ernst Weiß · Franz Kafka · Lion Feuchtwanger · Egon Erwin Kisch · Ernst Bloch · Gustav Sack · Gottfried Benn · Georg Heym · Kurt Tucholsky · Franz Werfel

Band 8: Joseph Roth bis Arno Schmidt

Joseph Roth · Heimito von Doderer · Carl Zuckmayer · Bertolt Brecht · Elisabeth Langgässer · Anna Seghers · Hans Erich Nossack · Marie Luise Kaschnitz · Marieluise Fleißer · Elias Canetti · Wolfgang Koeppen · Max Frisch · Arno Schmidt

Band 9: Peter Weiss bis Günter Grass

Peter Weiss · Wolfgang Hildesheimer · Heinrich Böll · Wolfdietrich Schnurre · Friedrich Dürrenmatt · Wolfgang Borchert · Ilse Aichinger · Franz Fühmann · Siegfried Lenz · Martin Walser · Günter Grass

Band 10: Günter Kunert bis Christoph Ransmayr

Günter Kunert · Christa Wolf · Thomas Bernhard · Gabriele Wohmann · Adolf Muschg · Uwe Johnson · Ulrich Plenzdorf · Peter Bichsel · Hans Joachim Schädlich · Jurek Bekker · Hermann Burger · Peter Handke · Christoph Hein · Botho Strauß · Christoph Ransmayr

DER KANON
DIE DEUTSCHE LITERATUR
DRAMEN

Herausgegeben von Marcel Reich-Ranicki
8 Bände und ein Begleitband im Schuber
4.500 Seiten

Band 1: Gotthold Ephraim Lessing

Minna von Barnhelm. Emilia Galotti. Nathan der Weise

Band 2: Johann Wolfgang Goethe

Egmont. Iphigenie auf Tauris. Torquato Tasso. Faust I

Band 3: Friedrich Schiller I

Die Räuber. Kabale und Liebe. Don Karlos

Band 4: Friedrich Schiller II

Wallenstein. Maria Stuart. Wilhelm Tell

Band 5: Heinrich von Kleist bis Friedrich Hebbel

Heinrich von Kleist, Der zerbrochne Krug. Das Käthchen von Heilbronn. Prinz Friedrich von Homburg · *Ferdinand Raimund*, Der Alpenkönig und der Menschenfeind · *Christian Dietrich Grabbe*, Scherz, Satire, Ironie und tiefere Bedeutung · *Johann Nestroy*, Der Talisman · *Georg Büchner*, Danton's Tod. Woyzeck · *Friedrich Hebbel*, Maria Magdalene

Band 6: Arthur Schnitzler bis Frank Wedekind

Arthur Schnitzler, Liebelei. Reigen. Professor Bernhardi · *Gerhart Hauptmann*, Die Ratten. Vor Sonnenuntergang · *Frank Wedekind*, Frühlings Erwachen

Band 7: Hugo von Hofmannsthal bis Bertolt Brecht

Hugo von Hofmannsthal, Der Tor und der Tod. Der Schwierige · *Carl Sternheim*, Der Snob · *Bertolt Brecht*, Die Dreigroschenoper. Leben des Galilei. Mutter Courage und ihre Kinder

Band 8: Ödön von Horváth bis Botho Strauß

Ödön von Horváth, Geschichten aus dem Wiener Wald. Kasimir und Karoline · *Max Frisch*, Biedermann und die Brandstifter · *Peter Weiss*, Die Verfolgung und Ermordung Jean Paul Marats dargestellt durch die Schauspielgruppe des Hospizes zu Charenton unter Anleitung des Herrn de Sade · *Friedrich Dürrenmatt*, Der Besuch der alten Dame · *Peter Hacks*, Ein Gespräch im Hause Stein über den abwesenden Herrn von Goethe · *Heiner Müller*, Der Auftrag · *Thomas Bernhard*, Die Macht der Gewohnheit · *Botho Strauß*, Groß und klein